MURAU
IN ALTEN ANSICHTEN

Eine Sammlung alter Bilder, Fotografien und Ansichtskarten

von Wolfgang Wieland

Wappen der Stadt Murau

Wolfgang Hager Verlag

Wolfgang Wieland
Murau in alten Ansichten
Eine Sammlung alter Bilder, Fotografien und Ansichtskarten

A-8852 Stolzalpe 70

ISBN 978-3-902879-77-6

Inhaltsverzeichnis

Bild-Nr. Seite

Bild-Nr. Seite

Zum Geleit

„In Büchern liegt die Seele aller gewesenen Zeit“. Dieses dem schottischen Historiker Thomas Carlyle zugeschriebene Zitat bringt das zum Ausdruck, was der Autor Wolfgang Wieland mit der Neuauflage des Bandes „Murau in alten Ansichten“ dem geneigten Leser veranschaulicht: die Seele einer Stadt und deren Bewohnerinnen und Bewohner im Laufe eines Zeitabschnittes, der in vielerlei Hinsicht das Gesicht der Stadt und ihrer Einwohner geprägt und verändert hat.

Ein Kleinod, ein Juwel – so wird unsere kleine Bezirksstadt am Oberlauf der Mur oftmals tituliert und auch, wenn es uns nicht immer bewusst ist, dürfen wir uns glücklich schätzen, hier wohnen und wirken zu dürfen.

Die Grundlage dafür haben Frauen und Männer in den vergangenen Jahrhunderten geschaffen, und es ist äußerst wertvoll, dieses Wirken Vieler gut dokumentiert in Wort und Bild jetzigen und kommenden Generationen zu überliefern.

Für diese Aufgabe ist niemand besser geeignet als Wolfgang Wieland, der sich der Murauer Geschichte seit Jahrzehnten annimmt, der unermüdlich mit der Dokumentation vergangenen Geschehnisse in unserer Stadt befasst ist und vielfach dieses erarbeitete Wissen der Öffentlichkeit in Form vielfältiger Druckwerke angeboten hat.

Das Wissen um die eigene Geschichte und der Brückenschlag von der Vergangenheit bis zur Gegenwart bilden ein stabiles Fundament für eine gute und gedeihliche Entwicklung in die Zukunft.

Mir ist es geschenkt, zur Zeit der Neuauflage dieses interessanten Buches das Bürgermeisteramt ausüben zu dürfen, und so darf ich den Dank für viel Mühe bei der Erstellung dieses Bandes nicht nur im eigenen Namen sondern auch im Namen der Stadtgemeinde Murau aussprechen.

Thomas Kalcher
Bürgermeister der Stadt Murau

Vorwort

Im Jahr 1983 hat der Verlag Erich Mlakar, Judenburg, den Bildband „Murau im Wandel der Zeit“ als mein erstes Buch heraus gebracht. In den Jahren danach folgten dann noch weitere Bücher über meine Heimatstadt Murau, mit der ich mich zeit meines Lebens sehr verbunden fühle.

Durch meine Jahrzehnte lange Tätigkeit im Schwarzenberg'schen Archiv im Schloss Murau haben mich in der dortigen Bildersammlung die vielen historischen Ansichten von Murau besonders interessiert. Es sind dies vor allem alte Stiche, Lithografien und Drucke.

Mein persönliches Interesse und auch jenes der Murauer Bevölkerung an diesen alten Stadtansichten bewogen mich, im März 1983 gemeinsam mit dem Kulturreferat der Stadtgemeinde Murau im Kassenraum der Stadtsparkasse Murau eine Ausstellung über alte Murauer Ansichten zu veranstalten. Die über 200 verschiedenen Bilder und Fotos von der Stadt und den Vereinen haben damals bei den Ausstellungsbesuchern großes Interesse hervorgerufen.

Diese Ausstellung bildete wiederum die Grundlage zur Herausgabe eines Buches. Es enthielt nicht nur alte Ansichtskarten und Fotografien bis etwa zum Jahr 1930, sondern auch die ältesten bekannten Stadtansichten als Stiche, Lithografien und Zeichnungen, welche allerdings in künstlerischer Freiheit oft sehr phantasievoll dargestellt werden. Von den vielen vorhandenen Bildern wurde eine strenge Auswahl getroffen, so dass nur die interessantesten und aussagekräftigsten im Buch wiedergegeben wurden.

Da dieser Bilderband seit Jahrzehnten vergriffen ist, kam von mehreren Seiten der Wunsch für eine Neuauflage, die nun mit weiteren Bildern ergänzt, verbessert und zeitlich erweitert worden ist.

Mit freundlicher Zustimmung des ehemaligen Verlegers Mlakar hat der nunmehrige Verleger Wolfgang Hager diese überarbeitete und ergänzte Neuauflage initiiert und übernommen.

An dieser Stelle danke ich allen Bildleihgebern für ihre Unterstützung. Ich hoffe, dass das Buch wiederum großes Interesse bei ehemaligen und heutigen Murauern findet.

Murau, im September 2014

Wolfgang Wieland

Die Besiedlung

Die ersten Besiedlungsspuren im Gebiet des Bezirkes Murau stammen aus der Jungsteinzeit. Ein Flachbeil und ein Randleistenbeil aus der Bronzezeit, gefunden am Leonhardiberg Murau nahe dem Schlattingbach, und ein Griffzungendolch aus der jüngeren Bronzezeit (ca. 8. Jahrhundert v. Chr.), welcher bei Grabarbeiten am Raffaltplatz zum Vorschein kam, sind weitere Zeugen der vorgeschichtlichen Zeit im Murauer Raum.

Seit dem 2. Jahrhundert v. Chr. bestand bei uns das keltische **Königreich Norikum**. Im Jahr 15 v. Chr. erfolgte die Eingliederung Norikums in das **Römische Reich**, und etwa 60 Jahre danach wurde Norikum eine römische Zivilprovinz.

Nach der Völkerwanderungszeit drangen Slawen in unsere Gegend ein. An die **slawische Besiedlung** erinnern heute noch zahlreiche Orts-, Gewässer- und Flurnamen, so zum Beispiel der Fluss Laßnitz (= Wald- oder Rodungsbach), der Berg Pleschaitz (= Kahlkopf) oder der Gegendname Planitzen (planica = kleine, erhöhte Ebene).

Das Gebiet um Neumarkt und Murau gehörte zum slawischen **Fürstentum Karantanien**, das zu Beginn des 9. Jahrhunderts vom fränkischen König liquidiert worden ist. Kärnten wurde fränkische Reichsmark und 976 zum Herzogtum erhoben. Mit der Einwanderung der **Bayern** ab dem 8. Jahrhundert erfolgte vom Erzbistum Salzburg aus die **Christianisierung**.

Nach dem Aussterben des Kärntner Herzogsgeschlechts der Eppensteiner erbten die Traungauer einen Teil des Eppensteiner Besitzes. Damals (1122) gelangte das Murauer und Neumarkter Gebiet zur Steiermark. Das Wölztal dagegen hat, gleich wie das zur Grafschaft Judenburg gehörige Gebiet Teufenbach – Niederwölz – Scheifling, schon früher zur Mark gehört.

Die Stadt

Im 12. Jahrhundert entstand im Egidifeld bei Murau eine Kaufmannssiedlung, die nach der Erbauung der Burg Murau durch den berühmten Minnesänger Ulrich von Liechtenstein in die Nähe und in den Schutz der Burg verlegt wurde. Der hl. Ägidius war Schutzpatron der Kaufleute und Händler. Gegen Ende des 13. Jahrhunderts war die **Marktneugründung** am Fuße der Burg so weit fortgeschritten, dass Otto II. von Liechtenstein bereits 1298 die Stadtrechte für Murau nach dem Vorbild der Stadt Judenburg erwirkte. Zwei Jahre zuvor war die Weihe der noch nicht fertig gestellten Kirche St. Matthäus erfolgt, die später zur Pfarrkirche von Murau wurde. Seit der Marktverlegung wurde St. Egidi als „Alter Markt“ bezeichnet.

Der heutige Hauptplatz (Schillerplatz, früher Freitagmarkt oder auch „Unterer Platz“ genannt) ist eine Handwerker- und Kaufmannssiedlung. In den folgenden Jahren wurde die Stadt durch die Lange Gasse (heute Anna-Neumann-Straße) und den „Oberen Platz“ (heute Raffaltplatz, früher Erchtags- (= Dienstag-) Markt genannt) erweitert. Die letzte Stadterweiterung war zwischen 1311 und 1333 mit dem Rindermarkt (heute St.-Leonhard-Platz, früher auch Neuer Markt) am rechten Murufer. Zum Schutze dieses neuen Marktes ließ Otto III. von Liechtenstein, der Enkel des Minnesängers Ulrich von Liechtenstein, die Burg Grünfels errichten.

Murau war keine landesfürstliche, sondern eine **grundherrliche Stadt**; sie gehörte dem Adelsgeschlecht der Liechtensteiner, das aus dem niederösterreichischen Traisental stammte, in Judenburg eine Burg erbaute und im frühen 17. Jahrhundert ausstarb. Das Liechtensteiner Wappen ist im Murauer Stadtwappen verewigt. Nach dem Aussterben der Liechtensteiner gingen die Hoheitsrechte über Anna Neumann auf die Grafen bzw. Fürsten zu Schwarzenberg über.

Die 1366 genannte Wehrmauer umfasste die auf beiden Seiten der Mur gelegenen Stadtteile. Dies ist eine große Seltenheit bei einer Stadtbefestigung. Von den ursprünglich neun Stadttoren sind heute noch das Friesacher Tor (auch Neumarkter Tor genannt) und das Gießübel-Tor (auch Hochtor genannt) erhalten. Die meisten übrigen Stadttore fielen in der zweiten Hälfte des 19. Jahrhunderts den Straßenerweiterungen zum Opfer. Alte Mauerreste am Schlossberg, am Leonhardiberg und am Tieranger zeugen noch von der einstigen langen Stadtmauer.

Um 1480 brachen die Türken sogar bis ins oberste Murtal vor. Niklas von Liechtenstein wurde in die Wirren des Krieges zwischen Kaiser Friedrich III. und dem Ungarnkönig Matthias Corvinus hineingezogen. Als Folge musste er die Stadt Murau samt den beiden Burgen den Ungarn überlassen. Als König Matthias Corvinus starb, bemächtigte sich Kaiser Friedrich III. wieder der Steiermark, Niklas wurde geächtet und aller seiner Güter verlustig erklärt. Murau war daher von 1490 bis 1495 **landesfürstliche Stadt** und erhielt in dieser Zeit ein neues Wappen (österreichischer Bindenschild und steirischer Panther) und das Eisen-Niederlagsrecht.

Die Stadt war im Mittelalter ein Verkehrsknotenpunkt sowie ein **Handels- und Umschlagplatz** für Salz und Eisen. Die Nord-Süd- und Ost-West-Verbindungsstraßen kreuzten sich in Murau, wo auch mit Loden, Filz, Gerbereierzeugnissen und Vieh gehandelt wurde.

An das einst rege wirtschaftliche und auch religiöse Leben erinnern viele denkmalwürdige Bauten. Murau ist besonders reich an sakralen Bauwerken. Im engen Raum gibt es insgesamt sechs Kirchen. Die beiden ältesten Kirchen, die St. Ägidius-Kirche und die St.Matthäus-Kirche (der hl. Matthäus ist Schutzpatron der Mautner und Zöllner) weisen noch einige romanische Bauelemente auf, während die ehemalige Wallfahrtskirche St. Leonhard am Berg und die St.-Anna-Kirche beim Friedhof – beide im 15. Jahrhundert im gotischen Stil erbaut – ein besonders schmuckes Inneres bieten. Seit 1979 wird die St.-Elisabeth-Spitalkirche bei der Rindermarktbrücke als evangelische Kirche benützt und wurde als Evangelisches Diözesanmuseum in der Steiermark eingerichtet.

Die stattlichen Häuser der Hammerherren von Monsperg, von Größing (Gressing) und Diewald/Diewalt am Hauptplatz erinnern an die jahrhundertelange, blühende Eisenindustrie im obersteirischen Städtchen. Allein am Rantenbach gab es im Gemeindegebiet von Murau neun Hammerwerke, von denen der Prixenhammer 1923 als letzter aufgelassen worden ist.

Eine prachtvolle, spätgotische Lichtsäule vor der Pfarrkirche, die Mariensäule am Hauptplatz, welche 1717 zum Dank an das Erlöschen der Pest errichtet wurde, viele Bildstöcke sowie Mauerreste des einstigen Hochgerichtes (Galgen) an der Straße nach Ranten sind weitere interessante Zeugen der Vergangenheit.

In der heutigen Zeit ist Murau vom Sommer- und Wintertourismus geprägt. Die mittelalterlichen Stadtreste und die denkmalwürdigen Bauten, die naturbelassene Umgebung, die vielseitigen Sport- und Freizeiteinrichtungen sowie die zeitgemäß ausgebauten Quartiere lassen hier Urlauber Erholung und Entspannung finden.

Das Schloss

Ulrich von Liechtenstein, der steirische Dichter, Minnesänger, Politiker und Grundherr, erbaute bald nach 1232 die erste Burg Murau, die etwa an der Stelle des heutigen Schlosses lag und an die nur noch Reste von Wehrmauern und Kellergewölbe sowie der abgedeckte, 48 Meter tiefe Burgbrunnen erinnern. Die Burg war Sitz der freieigenen Herrschaft und des Landgerichtes, in dem Ulrich seit 1256 vom Herzog von Kärnten auch die Schurfrechte besaß. Im Aufstand gegen den Landesherrn, König Ottokar II. von Böhmen, verlor Ulrich 1268 seine Burg Murau, welche zerstört wurde. Ulrichs Sohn, Otto II., baute sie bald danach neu auf.

Die Herren von Liechtenstein zu Murau hatten das Marschallamt in der Steiermark und Kärnten inne und vergrößerten wesentlich ihr Herrschaftsgebiet, so dass es zur größten Adelsherrschaft der Steiermark wurde. Christoph von Liechtenstein, einer der letzten Sprossen aus dem berühmten Geschlecht, war mit Anna Neumann von Wasserleonburg vermählt. Als er 1580 starb, gingen Burg und Herrschaft Murau an die Witwe über. Als Zweiundachtzigjährige heiratete sie im Jahr 1617 in ihrer sechsten Ehe auf Empfehlung des Erzherzogs und späteren Kaisers Ferdinand II. und seines ersten und einflussreichsten Ratgebers, des nachmaligen Fürsten und Landeshauptmannes von Steiermark, Hans Ulrich von Eggenberg, den einunddreißigjährigen **Reichsgrafen Georg Ludwig zu Schwarzenberg**, dem sie in Ermangelung eines leiblichen Erben die Herrschaft Murau vermachte. Diese ungleiche Ehe erfolgte an Stelle einer Adoption, welche als Rechtsinstitution damals hier im Lande noch nicht üblich war.

Nach dem Tod seiner Gemahlin im Jahr 1623 ließ Graf Georg Ludwig, der in diplomatischen Diensten des Kaisers stand, die alte Burg abtragen und in den Jahren 1628 – 1643 das vierkantige, um einen Arkadenhof gelegene **Renaissanceschloss** erbauen. Graf Georg Ludwig hat auch das Kapuzinerkloster gestiftet, in dem er seine letzte Ruhe fand.

Das Schloss Murau verblieb bis in die heutige Zeit im Eigentum des im Jahr 1670 vom Kaiser in den Fürstenstand erhobenen Hauses Schwarzenberg.

1)
Christoph von Liechtenstein
heiratete 1566 Anna Freifrau von Thannhausen, geborene Neumann von Wasserleonburg. Er wohnte noch in der alten Burg, von der keine bildliche Darstellung bekannt ist. Er starb nach kinderloser Ehe 1580. Knapp vierzig Jahre danach, im Jahr 1619, ist das berühmte steirische Adelsgeschlecht Liechtenstein mit Otto IX. im männlichen Stamm ausgestorben. Der Besitz der Herrschaft Murau wechselte über Anna Neumann zu den Grafen bzw. Fürsten zu Schwarzenberg.
Dieses im Schloss Murau befindliche Bildnis des Christoph von Liechtenstein ist wahrscheinlich das einzige noch erhaltene Porträt eines Herrn von Liechtenstein-Murau.

2)
Anna Neumann von Wasserleonburg, welche rund ein halbes Jahrhundert lang Herrin von Murau war, ist vor allem wegen ihrer sechs Ehen bis heute im Bewusstsein der Murauer erhalten geblieben. Anna Neumann, gebürtig aus dem Raume Villach, war Protestantin. Sie regelte für die Murauer Hausbesitzer die Holzbezugsrechte aus dem Bürgerwald, erweiterte das Bürgerspital bei der Elisabeth-Kirche und trug so manches zum Wohle der Stadt Murau bei. Ihr Leichnam wurde ursprünglich in der Elisabeth-Kirche beigesetzt. Erst 1873 erfolgte in aller Stille die Überführung des Sarges in die Gruft unter der Loretokapelle in der Kapuzinerkirche. Über das außergewöhnliche Leben dieser bedeutenden Frau des 16. und 17. Jahrhunderts sind einige Bücher, vor allem auch historische Romane, geschrieben worden.
Das Bild zeigt einen Ausschnitt des im Schloss Murau befindlichen Ölbildes (Inv. Nr. 91), das vermutlich um 1600 gemalt worden ist.

3)
Georg Ludwig Graf zu Schwarzenberg erbte als letzter Gemahl der Anna Neumann den Besitz der Herrschaft Murau nach ihrem Ableben im Jahr 1623. Er ließ die alte Burg abtragen und ein neues Schloss erbauen, wie es heute noch zu sehen ist. Mit seiner zweiten Gemahlin Elisabeth geb. Gräfin zu Sulz stiftete er das Kapuzinerkloster Murau, in dem er mit seinen beiden Gemahlinnen die letzte Ruhe fand.
Dieses Ölbild befindet sich im Rittersaal des Schlosses Murau. Das Fürstengeschlecht Schwarzenberg, welches bedeutende Feldherren, Staatsmänner und Kirchenfürsten hervorbrachte, stammt aus Mittelfranken, Bayern, und hatte bis zum Zweiten Weltkrieg außer in Österreich und Deutschland auch in Böhmen ausgedehnte Besitzungen. Das Geschlecht Schwarzenberg ist 1429 in den Freiherren-, 1566 bzw. 1599 in den Grafen- und 1670 in den Fürstenstand erhoben worden.

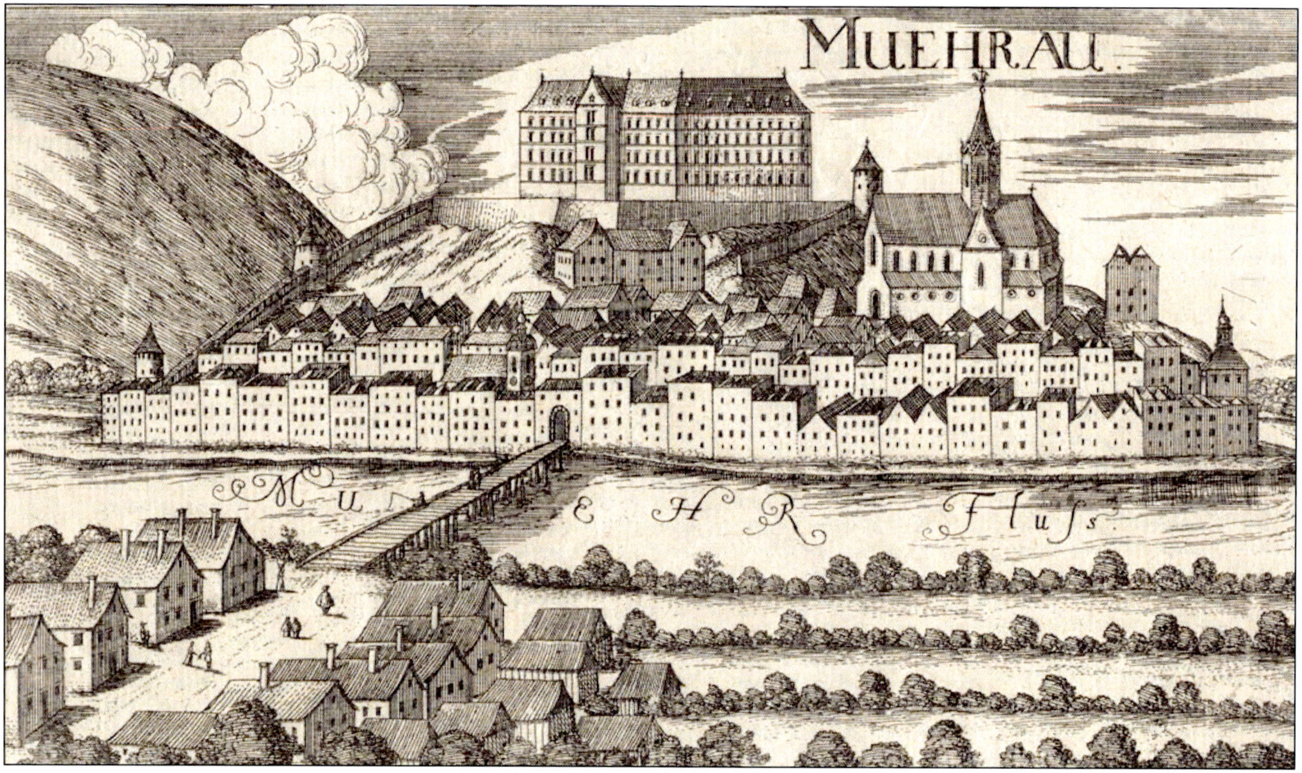

4)
Die bisher älteste bekannte Ansicht der Stadt Murau ist der **Kupferstich von Georg Matthäus Vischer** aus dem Jahr 1681. Die Ansicht ist aber sehr phantasievoll wiedergegeben und entspricht in Details nicht immer der Wirklichkeit. So ist beispielsweise das Schloss Murau mit vier Stockwerken dargestellt. Ganz wesentlich war damals die Rindermarktbrücke, welche den im 14. Jahrhundert geschaffenen Neuen Markt am rechten Murufer mit der Stadt am linken Ufer verbindet.

5)
Stadtansicht zur Zeit des **Brandes am Rindermarkt im Jahr 1774**; Votivbild von Matthäus Pichler. Am unteren Bildrande ist folgende Inschrift:
Den 29ten Christmonats 1774 in der Nacht um 12 Uhr ist in des Joseph Mosersburg Lebzelters Hauss in Neumarckt allhier eine erstaunungswürdige Feyersbrunst entstanden wodurch 2 Städl und ein Traidt Kasten eingeäschert, und auch würckhlichen mein Hauß und Stadt von denen Flamen schon ergriffen worden, so, dass es bey stürmenden Wind das Ansechen gehabt als man die ganze Stadt Muraw denen fressenden Flamen zum Raub werden wollte, wenn nicht die H.H. Dreyfaltigkeit durch inbrünstigste Anruffung diese höchste Gefahr augenscheinlich abgewendet hätte. Dahero auch zur ewiger Danck erstattung dieses Opfer Bild mit dem Lobgesang anhero widme: Heilig, Heilig, Heilig, ist der Herr Gott Sabaoth, Himeln und Erden seynd seiner Herrlichkeit voll: die Ehre seye Gott dem Vatter dem Sohn, und dem Heiligen Geist als er war in Anfang Jetzt und allweey und zu ewigen Zeiten. Amen. / Johann Peter Wallner p.t. Stadt und Land Richter …
Das Ölbild ist im Eigentum der Steiermärkischen Sparkasse Murau.

6)
Gestüthof bei Murau, Aquarell von Ferdinand Runk vom Jahr 1801.
Von 1652 bis 1843 wurde in Gestüthof die Pferdezucht betrieben, daher auch der Name. Die Pferde wurden für den Transport des Roheisens benötigt, welches in Turrach gewonnen worden ist. Gegen Ende des 19. Jahrhunderts wurde mit der Aufzucht der Simmentaler Rinder begonnen. Nach Auflassung der Rinderzucht in Gestüthof im Jahr 1975 wurde 20 Jahre lang die Schweinezucht betrieben. Seit 1968 wird in Gestüthof auch eine Fischzuchtanlage geführt.

7)
Der Freitagplatz (Hauptplatz) von Osten gesehen; Aquarell von Ferdinand Runk aus der Zeit um 1800.

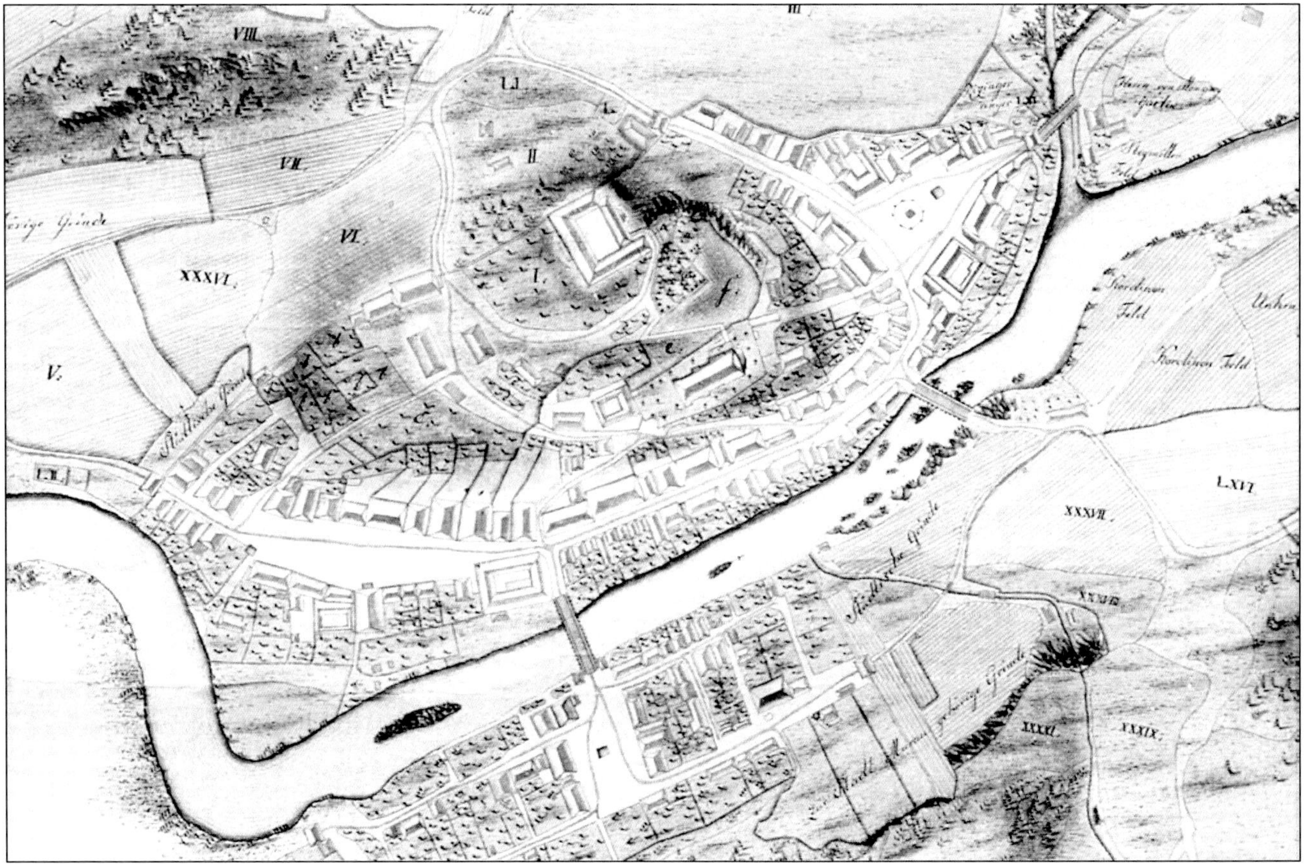

8)
Plan der Stadt Murau aus dem Jahr 1785, gezeichnet von Gregor Lederwasch.
Auf diesem Plan, der sich in den Schwarzenberg'schen Archiven in Murau befindet, sind die Stadttore eingezeichnet und all die Häuser, die zu dieser Zeit bestanden.

9)
Das Friesacher Tor, auch Rindermarkt-Tor genannt, um 1800, gezeichnet von Ferdinand Runk, gestochen von Ponheimer.
Im Jahr 1715 wurden die Pesttoten von Murau zum Teil im Stadtgraben vor dem Friesacher Tor und im „Lazarettfriedhof bey Grünfels unterm Teucht" sowie im Tieranger zwischen der Stadtmauer und dem Rantenbach verscharrt.

10)
Der Wasserfall an der Straße östlich von Murau; Lithographie von Ziegler nach einer Zeichnung von Ferdinand Runk aus der Zeit um 1800. Die Ansichten von Wasserfällen von Wildbächen haben den Künstler Runk ganz besonders beeindruckt.
Ferdinand Runk (geb. 14. 10. 1764, gest. 3. 12. 1834) war ein bekannter Landschaftsmaler; er stammte aus Freiburg im Breisgau, studierte in Wien an der Akademie der bildenden Künste und war unter dem kunstsinnigen Fürsten Joseph zu Schwarzenberg von 1799 bis 1826 Schwarzenberg'scher Hofmaler. Er war auch Lehrer und technischer Ratgeber in druckgrafischen Fragen für Fürstin Pauline, die Gattin des Fürsten Joseph, die große Begabung für Radierungen hatte. In der Zeit von 1799 bis 1801 malte Runk 23 Gouache-Bilder der Schwarzenberg'schen Besitzungen in der Steiermark.

11)
Der Schlattingbach-Wasserfall mit einer Mühle; Lithographie von Ziegler nach einer Zeichnung von Ferdinand Runk aus der Zeit um 1800.

12)
Ansicht der Stadt von Süden. Lithographie von J. F. Kaiser vom Jahr 1846.

13)
„Murau im Judenburger Kreis“ um 1840 aus der Serie Kuwasseg-Lampel „Ansichten aus der Steiermark“ (1841-1850), signiert „aufgen. u. lithographiert v. Fr. Gunther, herausgegeben von der lith. art. Anstalt d. Heribert Lampel“ in Graz. Der in Triest geborene Grafiker und Aquarellist Joseph Kuwasseg (1799-1859) zählt zu den bedeutendsten Künstlern der Steiermark. Vor allem sind seine Landschaftsdarstellungen hervorragend. Diese Ansicht zeigt Murau von Westen mit dem Neutor, auch Oberes Murtor genannt, welches um 1870 abgetragen worden ist.

14)
„Schützenfest in Murau“, Ölbild von Ignaz Raffalt, 41,3 x 60 cm, signiert am Zeltdach „… Juny 1848“.

Ignaz Raffalt, „der Künstlerwirt aus Murau“ – wie er auch genannt wird – war von 1833 bis 1838 Wirt des Gasthauses „Zur Krone“ in Murau. Nach dem Verkauf der Gastwirtschaft in Murau zog der ländliche Genremaler Raffalt, bei dem auch Erzherzog Johann einige Bilder bestellt hatte, nach Graz und zwei Jahre danach nach Wien, wo er sich ganz der Landschaftsmalerei widmete.

Zur Erinnerung an diesen bedeutenden Murauer Biedermeier-Maler wurde der Obere Platz nach ihm benannt und 1965 dort eine Büste aufgestellt.

Von etwa 1811 bis knapp vor die Jahrhundertwende war im Garten des Hauses Raffaltplatz 15/17 (heute Hotel „Zum Brauhaus“) auf der Wiese zur Mur die bürgerliche Schießstätte, die Raffalt auf seinem Bild vermutlich andeutete.

15)
Großbrand auf dem Hauptplatz im Jahr 1849; Ausschnitt aus dem Votivbild mit dem hl. Florian als Fürbitter (Öl auf Leinen). Das Bild, welches ursprünglich in der Leonhardikirche gehangen ist, wurde 1972 von der Pfarre Murau der Stadtgemeinde geschenkt und hängt seither im Rathaus.
Wie viele Städte, so wurde auch Murau im Verlaufe der Jahrhunderte oft von Brandkatastrophen heimgesucht, und zwar 1471 in der Langen Gasse; damals wurden viele wertvolle Schriften vernichtet; 1492 am Freitagmarkt (Hauptplatz), 1532 am Rindermarkt das Haus neben der Brücke, 1542 in der Langen Gasse (Anna-Neumann-Straße), 1557, 1562 und 1594 am Rindermarkt, 1602 am Erchtagplatz (Raffaltplatz), 1688 am Erchtagplatz zum Gießübel, 1774 am Rindermarkt (siehe Bild 5), 1811 sind 26 Häuser am Rindermarkt abgebrannt, 1837, 1849, 1896 und 1913 am Hauptplatz (siehe auch Bilder 30 und 77).

16)
St.-Anna-Kirche (Friedhofskirche) mit dem Rantenbach in seinem alten Bachbett um 1840, links im Hintergrund das Grazer Tor; infolge des Hochwassers und der Verlegung der hohen Wehr im Jahr 1876 suchte sich der Rantenbach in einem Seitenarm sein neues Bachbett.
Die Legende berichtet, dass Diebe 15 „Particel des Hochwurdigen Sacrament Gottes Leichnamb" in einer silbernen Kapsel aus der Stadtpfarrkirche gestohlen haben. Die Hostien wurden 1378 unter einem Strauch am Rantenbach wieder gefunden, und an dieser „Heiligen Statt" wurde die Kirche St. Anna gegründet, welche 1404 urkundlich genannt wird. (Stahlstich von H. Winkles, gezeichnet von I. Mayer).

17)

Murau um etwa 1863, Lithographie von Carl Reichert, veröffentlicht im Werk „Einst und Jetzt – Album Steiermarks sämmtlicher, interessanter Schlösser, Burgruinen, Städte, Märkte, Kirchen und Klöster …“ in 3 Bänden, Graz 1863 – 1866.

18)

„Mußik Gesellschaft Murau 1865“. Bevor im Jahr 1874 der Musikverein Murau gegründet worden ist, bestand bereits eine Musikgesellschaft. Von links, sitzend: Lehrer E. Kogler, Franz Kollau, Lehrer Vinzenz Ingruber, Franz Hutter, Anton Steinermayr; stehend: Josef Löschnigg, F. Jaritz, Anton Haidenthaller, Kupferschmied Heinrich Mödlinger, R. Jaritz oder Eßl, Pretscher, Josef Oestgföller, Hartmann, Koschul, Moser, Hutmacher Lorenz Ingruber.

19)
Das Grazer Tor mit der alten Rantenbrücke. Anlässlich der Straßenerweiterung wurde das Tor 1864 abgetragen. Die Statue des hl. Johannes v. Nepomuk schmückte bereits die Brücke. Aquarell von K. Mayr.

20)
„Christkindlmarkt in Murau“ – Winterstimmung bei der alten Rantenbrücke mit der Statue des hl. Johannes von Nepomuk; auf dem Sockel der Statue ist in einem Chronogramm die Jahreszahl 1705 und vermutlich das Wappen der Hammerherrnfamilie Diewald (laufendes Pferd oder springender Löwe) enthalten. Holzstich, der nach einer Zeichnung von Richard Püttner aus der Zeit um 1880 ausgeführt wurde.

21)
Romantische Ansicht der Stadt mit der alten Baderbrücke (heute Bahnhofbrücke), Gemälde (Druck) von Franz Köck nach einer Zeichnung von Richard Püttner um ca. 1880.

22)
Stadtansicht im Oktober 1886 von Südwesten. Zu dieser Zeit waren die meisten Häuser mit Holz gedeckt.

23)
Stadtansicht um etwa 1890 von Südosten. Im Vordergrund der alte „Egghardt-Stadel“, welcher 1893/94 beim Bau der Murtalbahn abgetragen und weiter südöstlich verlegt worden ist.

24)
Die alte Baderbrücke um etwa 1880 mit Blickrichtung Südosten. In der Nähe des hier abgebildeten alten Wirtschaftsgebäudes des Gutsbesitzers Egghardt wurde wenige Jahre später der Bahnhof gebaut.

25)
Die Baderbrücke um etwa 1890, ehe sie dem Neubau weichen musste. Zu dieser Zeit war sie bereits sehr baufällig und musste mehrfach gestützt werden.

26)

Der Egghardt-Teich, der zum Schwimmbad ausgebaut wurde. In dem im Stadtmuseum Murau vorhandenen Stiftsbrief vom 15. 8. 1877 heißt es unter anderem: Da es in Murau *..keinen Platz gibt, woselbst der Mensch, sey es Männlein oder Weiblein, in Zucht und Ehren des Bades in Gottes freier Natur genießen kann, ..so haben wir denn einen Platz am Teiche, genannt des Egghard's Teich, erspähet... und es hat der ehr- und lobesame Meister Zwanowetz....die Badehütte sammt Zugehör erbauet.... Und es hänget der Schlüssel in des Apothekers Krammladen am Nagel rechter Hand...* Den Stiftsbrief unterzeichneten Advokat Dr. Böß, Werksdirektor F. C. Alkier, Notar Dr. Hohmann, Postmeister W. Rodler, Baumeister W. Zwanowetz und weitere Persönlichkeiten. Der im Jahr 1889 gegründete Verschönerungsverein sorgte in den Folgejahren für den weiteren Ausbau des Freibades. Die Fotoaufnahme stammt aus der Zeit um 1898.

27)
Blick vom Rantenbach bzw. Tieranger zur Stadt, die von der mittelalterlichen Stadtmauer umgeben ist. Der Tieranger, welcher ursprünglich auch Dürranger hieß und zwischen der Stadtmauer und dem Rantenbach liegt, diente in Pestzeiten auch als Begräbnisstätte für die Toten dieser Seuche.
Eine andere Namensdeutung für Tieranger ist ein Hinweis auf einen Tiergarten bzw. ein Tiergehege, die meist nahe bei Schlössern waren.

28)
Feierlicher Spatenstich zur Erbauung der **Murtalbahn** am 27. August 1893. Fürst Adolf Josef zu Schwarzenberg nahm den ersten Spatenstich mit dem Wunsche vor, „*dass das Unternehmen dem Murboden, welcher, so lange verlassen, nicht gedeihen konnte, zum Segen und Ruhm gereiche*". Der Spaten wird heute noch im Schloss Murau verwahrt. Die Feier erfolgte am Gelände des heutigen Bahnhofs in Murau.

29)
Am 9. Oktober 1894 konnte die schmalspurige **Murtalbahn** bereits feierlich eröffnet werden. Die 76 km lange Bahnstrecke von Unzmarkt bis Mauterndorf wurde in 316 Arbeitstagen fertig gestellt und wurde mit 2,6 Millionen Gulden Baukosten geplant. Bis zu 2700 Arbeiter waren gleichzeitig beschäftigt. Insgesamt sind 20 eiserne Brücken, 3 Tunnels, 12 Stationen und 14 Haltestellen gebaut worden.
Dr. Ing. Carl Wurmb (geb. 1850, gest. 1907), der geniale Erbauer zahlreicher Alpenbahnen, ist auch der Erbauer der Murtalbahn. Seine Familie baute nahe dem städtischen Freibad die Wurmbvilla. Knapp unterhalb, etwa 20 m tiefer, liegt der Bahn-Tunnel, durch den tagtäglich die Triebwägen oder zur Sommerszeit die beliebten „Dampf-Bummelzüge“ der Murtalbahn verkehren.

30)
Brand im April 1896
am Dachstuhl des so genannten Grössinghauses auf dem Hauptplatz. Die im Jahr 1872 gegründete Freiwillige Feuerwehr und Rettungsabteilung hatte es nicht leicht, den Brand zu löschen.

31)
Im Jahr 1897 ist die **steinerne Murbrücke** anstelle der alten Baderbrücke vom Baumeister Wilhelm Klonfero sen. nach Plänen des nachmaligen Landesbaudirektors Ing. August Herwelly errichtet worden. Seither prägt diese Brücke das typische Antlitz der Stadt. Diese kolorierte Ansichtskarte ist im Jahr 1902 vom damaligen Schwarzenberg'schen Archivar Felix Emanuel Zub geschrieben worden.

32)
Flößer auf der Mur. Die Stadt Murau hatte von alters her mehrere Brücken über den Murfluss und über die Ranten. Eine wichtige Brücke war zum Neuen Markt (Rindermarkt). Hier auf dem Bild ist eine Ansicht des **Kegelhof-Katarakts** im Jahr 1898 zu sehen. Der Kegelhof-Katarakt galt für die Floßfahrt als besonders gefährlich.
Nachdem in den Jahren 1972 und 1973 eine Südumfahrungsstraße von Murau gebaut worden war, ist die alte Kegelhofbrücke im Jahr 1976 abgebrochen worden.

33)
Das 2. Jäger-Schirennen in Murau im Jahr 1902, veranstaltet vom Verband steir. Schiläufer. Die Schifahrer benützten zu dieser Zeit nur einen Stock. Graf Schlick aus Stadl an der Mur ließ angeblich für seine Jäger zum Erlernen des Schifahrens Schilehrer aus Norwegen kommen. Der 1894 gegründete Wintersportverein Murau veranstaltete nicht nur Schi- und Rodelmeisterschaften, sondern ließ auch Ansichtskarten vom Murauer Schigebiet drucken.
Laut mündlicher Angabe von Ladi Weißofner bzw. Hella Eichholzer sind folgende Personen auf diesem Foto abgebildet, und zwar von links vorne:
Josef Maier, Jäger in Paal, Bartl Pistrich, Jäger in Paal, Ladi Weißofner, Max Schönfelder, Oberjäger in Mauterndorf, Hans Gurmann, Ferdinand Hohenwarter, der Sieger des Jägerschirennnens Jäger Johann Reiter, Paal, Valentin Hohenwarter und weitere Jäger. Auf dem Bild sind unter anderen auch der Tierarzt Dr. Bernhard Fest, Oberförster Alois Rohregger, Paal, und der Verweser Josef Tittlbach, Turrach, abgebildet.

34)
Der Stadtpark im Sommer 1898; er wurde in den Jahren 1892 bis 1896 vom damaligen Bürgermeister Anton Steyrer und Direktor Carl Diller (geb. 1829, gest. 1902) angelegt. Der Springbrunnen aus dem 19. Jahrhundert ist bis in die heutige Zeit in seiner Art erhalten geblieben.

35)
Der Bahnhof Murau zur Zeit um etwa 1900. In ihrer Grundausstattung erhielt die Murtalbahn vier Lokomotiven und 91 Waggons.

36)
„Correspondenz Karte“, abgestempelt im Jänner **1899,** mit stilisierter Ansicht der Stadt; im Vordergrund der neue Bahnhof, links unten das Motiv mit der spätgotischen Lichtsäule bei der Stadtpfarrkirche.

37)
Der Hauptplatz um 1908; bis zum Großbrand im Jahr 1913 hatte das Eckhaus Vasold (heute Gasthof zum Weißen Dach) einen Turm und einen abgestuften Giebel.

38)
Der Hauptplatz um 1900; rechts das im Jahr 1894 errichtete Volksschulgebäude, daran schließt das ehemalige Gebäude der Bezirkshauptmannschaft und danach das Hammerherrnhaus der Familie Diewald (auch Diewalt), die ein laufendes weißes Pferd in ihrem Wappen führte. Das weiße Pferd an der Hausecke erinnert, dass es lange Zeit als „Rösslwirtshaus" bezeichnet worden ist; im östlichen Gebäudeteil hatte die Post vom 24. Juni 1851 bis 1921/22 ihre Unterkunft, danach im so genannten Paulhuberhaus (heute Schillerplatz 11) und von 1932 bis 24. Oktober 2005 im Neubau bei der Bahnhofbrücke. Seit 2005 befindet sich die Postfiliale in Murau - St. Egidi, Keltensiedlung Nr. 140. Am linken Bildrand ist das stattliche Hammerherrnhaus der Familie Grössing, ein Bau aus der Zeit um 1600, zu sehen.

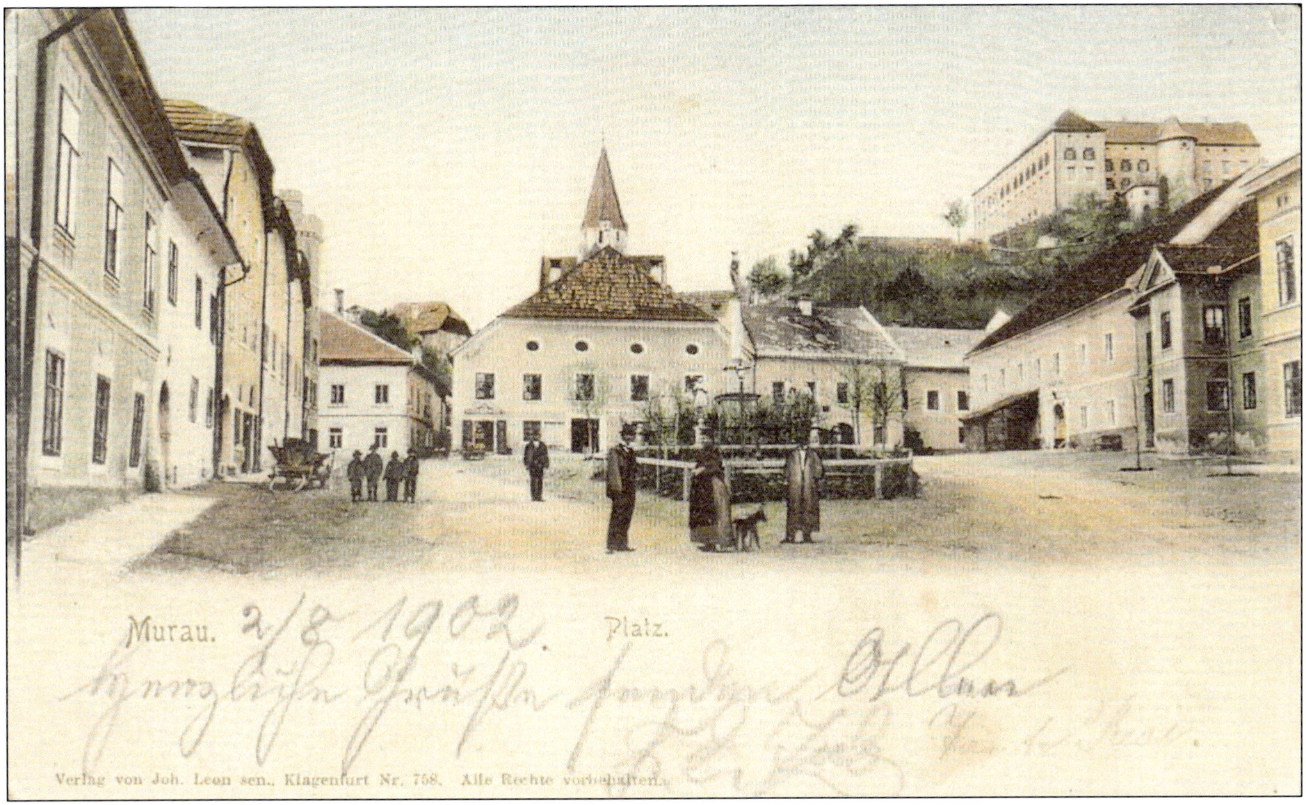

39)
Kolorierte Ansichtskarte des Hauptplatzes, geschrieben am 2. 8. 1902 und der Aufschrift *„Herzliche Grüße senden Allen F. E. Zub, Tante Resi"*. **Felix Emanuel Zub** war Schwarzenberg'scher Archivar im Schloss Murau und machte sich mit der Ordnung und Bearbeitung der Archivbestände besonders verdient. Allerdings beendete er sein Leben in seiner Wohnung im Schloss in der Nacht vom 28. auf 29. Oktober 1902 durch Selbstmord.

40)
Zu den ältesten Murauer Vereinen zählt der **Gesangsverein „Liedertafel“,** welcher im Jahr 1862 gegründet worden ist. Dieses Gruppenbild wurde 1899 oder zur 40jährigen Bestandsfeier im Jahr 1902 aufgenommen.
1.Bäckermeister Oly, 2. Guido Karnitschnigg, 3. Hermann Rieger, 4. Adolf Schneider, 5. Oberlehrer Holzknecht, 6. Haas, 7. Ing. Rudolf Kulp, 9. Jakob Wesiak, 10. prakt. Arzt Dr. Koch, 11. Ignaz Jellinek, 12. Richard Ebenhöh, 13. Josef Mitteregger, 14. Riederer, 15. Julius Fröhlich, 16. Koschul, 17. Ing. Franz Grossi, 18. Ferdinand Bühn, 19. Zechner, 21. Brühl, 22. Lippe, 23. Mag. Carl Gasteiger, 24. Mag. Alois Posch, 25. Notar Muri, 26. Leonhard Ferner, 27. August Helfer, 28. Raphael Murer, 29. Ing. Leo Pichler.

41)
Die Schützengesellschaft bei der auf der Buckelhube errichteten Schießstätte. Im Juli 1897 gab es das Eröffnungsschießen, von dem die Festscheibe im Stadt- und Handwerksmuseum Murau aufbewahrt ist. Sie zeigt die alte und die neue Schießstätte. Die Fotoaufnahme aus der Zeit der Jahrhundertwende 1899/1900 zeigt ganz rechts den Kaufmann Johann Steyrer und als Vierten von links, Ferdinand Bühn. Der Murauer Schützenverein, welcher wie andere Vereine 1938 aufgelöst worden ist, hat sich 1963 neu gegründet und in der Nähe des alten Schießstandes auf der Buckelhube ein neues Schützenhaus mit mehreren modernen Schießständen errichtet, die in den Jahren 2012 bis 2013 neuerlich vollkommen modernisiert wurden. Zwei 100 Meter lange Schießkanäle wurden untertunnelt, und die Schießstände sind nun vollelektronisch.

42)
Postkarte vom Jahr 1900 mit der **Rantenbrücke** und den Resten des ehem. Grazer Tores; die aus Eisen konstruierte Rantenbrücke wurde vor 1900 erbaut. Sie hatte keinen Gehsteig und war nur 3,60 m breit. Im Jahr 1971 wurde die Eisenbrücke durch eine neue 9 m breite Brücke ersetzt.

43)
Der Obere Platz, der zur Zeit der Monarchie auch Franz-Josef-Platz geheißen hat, mit dem alten und neuen **Rathaus-Gebäude** im Vordergrund (links). Dieses einst Liechtenstein'sche Haus war bis 1578 als Rathaus in Verwendung, doch im Jahr 1775 wird es bereits als Bäckerhaus genannt und war dann bis zum Umbau im Jahr 2000 eine Bäckerei. Von März 2000 bis Mai 2001 wurde dieses Haus unter Beibehaltung der alten Bausubstanz um- und ausgebaut und dient seither wieder als Rathaus. Im Anschluss an das Rathaus ist das Gasthaus „Zur Krone", das im vorigen Jahrhundert kurze Zeit dem Künstlerwirt und Biedermeiermaler Ignaz Raffalt gehörte.

44)
Ein **Feuerwehrfest** in Murau am 11. August 1912; damals war im Größinghaus das Geschäft von Jakob Wesiak untergebracht.

45)
Stadtansicht aus Südosten vor dem Ersten Weltkrieg mit dem vollkommen unverbauten Tieranger.

46)
Die sechs Pestheiligen (Rochus, Sebastian, Antonius, Josef, Franz Xaver und Karl Borromäus), als sie noch bei der Mariensäule (Pestsäule) auf dem Hauptplatz standen. Im Jahr 1906 wurden sie von hier entfernt und zur Stadtpfarrkirche versetzt. Infolge ihres schlechten Zustandes und der weiteren Gefährdung kamen sie 1975 ins damalige Heimatmuseum der Stadt Murau. Die Pestheiligen und die im Säulensockel befindliche hl. Rosalia stammen vom Judenburger Künstler Balthasar Brandstätter. Das schmiedeeiserne Gitter stiftete der Murauer Hammerherr Wilhelm von Monsperg im Jahr 1736.
Im Jahr 1992 wurden die barocken Figuren der sechs Pestheiligen nach deren Restaurierung auf neuen Sockeln wieder rings um die Mariensäule postiert. Im Jahr 2014 wurden die Pestheiligen (neuerlich) und die Maria Immakulata-Statue auf der Säule restauriert.

47)
Teilansicht der Stadt von Süden um etwa 1900 in Richtung Stolzalpe; rechts im Vordergrund der Schienenstrang der Murtalbahn.

48)

Gasthaus „Zum Stern“ um 1900. Auf der gegenüberliegenden Seite war ein Gasthaus, das „Zum Mond“ oder auch „Zur blauen Traube“ hieß; einige Häuser weiter südwestlich am Hauptplatz war der Gasthof „Zur Sonne“. Somit waren in unmittelbarer Nähe drei Gasthäuser, welche die Himmelskörper Sonne, Mond und Stern als Zeichen hatten.

49)
Flößer auf der Mur um ca. 1900; die Flößerei in der Mur vom Lungau flussabwärts währte von 1880 bis 1906, in welchem Jahr mit dem Bau des Elektrizitätswerkes in Murau begonnen wurde. Die erste Floßprobefahrt von Gestüthof nach Unzmarkt erfolgte jedoch bereits 1871. Die Flößerei wurde hauptsächlich von italienischen Flößern bewerkstelligt, deren Floßmeister stets in Gestüthof bei Murau stationiert war.

50)
Murauer Wintersport-Werbeplakat; Gustav Jahn, der als Wintersportler oft in Murau weilte, gestaltete dieses angeblich erste steirische Wintersport-Werbeplakat, das auf allen größeren Bahnhöfen der österr.-ungar. Monarchie seit 1906 zu sehen war. Vor dem Ersten Weltkrieg zählte Murau zu den führenden Wintersportplätzen.

51)
Detail aus dem Wintersport-Werbeplakat (1906) mit der Stadt Murau als Hintergrund. Auf diesem Plakat wird auch eine so genannte „Bobsleigh- und eigene 6 Kilometer lange Rodelbahn“ angeboten.

52)
Ansicht der Stadt von Süden im Jahr 1901; rechts (östlich) von der Stadtpfarrkirche war im vorigen Jahrhundert die Volksschule untergebracht, bis im Jahr 1894 der Neubau am Hauptplatz erfolgte. Das alte Schulgebäude hat einen Verbindungsgang zum Kirchplatz.

53)
Der St.-Leonhard-Platz (früher Neuer Markt oder Rindermarkt genannt) im Jahr 1904; seit dem Jahr 1540 war das so genannte Heinrichhaus (rechts am Bild) Braustätte. Der Besitzer Franz Heinrich verkaufte seine Brauerei 1898 an Gustav Baltzer, welcher sie stilllegte.
Von 1894 bis 1923 war in diesem Haus auch ein Turnsaal des Murauer Turnvereines untergebracht.
Der Gendarmerieposten Murau hatte im Haus Nr. 217 (auf dem Bild ist ganz links ein kleiner Teil dieses Hauses zu sehen, das später Altersheim wurde) von 1850 - 1879 seine erste Unterkunft. Außer einer Kanzlei, zwei Mannschaftszimmern, einer Küche, einem Nebenraum, Keller und Dachbodenanteil, stand für die berittenen Gendarmen ein Stall für drei Pferde bereit.

54)
Der Hauptplatz im Jahr 1904; zwei Jahre danach kamen die sechs Pestheiligen von ihrem Standort bei der Mariensäule auf den Platz bei der Stadtpfarrkirche. Im so genannten Paulhuberhaus (in der Bildmitte, östlich im rechten Winkel an die Volksschule angebaut) waren viele Jahre die Bürger- bzw. Hauptschule und in den zwanziger Jahren bis zum Neubau des Postamtes im Jahr 1932 auch die Postamtsräume untergebracht.
Links das ehemalige Gebäude der Bezirkshauptmannschaft, das einst das Haus der Hammerherrnfamilie Steyrer war.

55)
Blick vom Schlossberg in Richtung St. Egidi um 1900; in der linken unteren Bildhälfte ist der ehemalige Drahtzughammer (heute Gesundheitspark) zu sehen. In der Bildmitte ist das neu erbaute Haus des damaligen Stadtbaumeisters Wilhelm Klonfero sen. ersichtlich, das er um die Jahrhundertwende für seine vier Töchter Maria verm. Schnurer, Florentine verm. Fockt, Josefine verm. Reinle und Margarethe verm. Pintar erbauen ließ.

Heinrich Freiherr von Esebeck

Bernhard Fest

56)
Heinrich Freiherr von Esebeck (geb. Mainz 1852, gest. Graz 1929) und **Bernhard Fest** (geb. Waidhofen an der Ybbs 1865, gest. Murau 1936) sind zwei bedeutende Pioniere in Murau. Beide wirkten durch Jahrzehnte sehr verdient im Winter- und Bergsport, Tourismus, Kultur und auch zur Errichtung der Sonnenheilstätte Stolzalpe. Durch sie wurde Murau als Sommerfrische und Wintersportplatz über die Grenzen hinaus bekannt.

Esebeck, von 1903 – 1918 Bezirkshauptmann von Murau, Obmann der Sektion Murtal des Alpenvereines von 1910 – 1928, und Obmann des Tuberkulose-Zweigvereines von Murau. Er war außerdem begeisterter Radfahrer, Wintersport- und Bergkamerad des Bezirkstierarztes Bernhard Fest und Konservator der k. k. Zentralkommission für Denkmalpflege. Die auf dem Kreischberg erbaute Schutzhütte wurde nach ihm benannt.

Fest, von Beruf Bezirkstierarzt, war ein begeisterter Bergsteiger und Schifahrer. Er besorgte sich bereits 1891 die ersten Schier aus Norwegen, gründete 1894 den Wintersportverein Murau, war dessen Obmann bis 1910, und er war auch Esebecks Stellvertreter im Alpenverein. Die von ihm entwickelte Schibindung wurde als Murauer Bindung bekannt. Auf Grund seiner fachlichen Qualitäten als Botaniker und Forscher wurden ihm mehrere Ehrungen zuteil. Die Bernhard-Fest-Hütte am Gipfel der Frauenalpe und der Bernhard-Festweg zur Murauer Hütte erinnern an ihn.

57)
Die Murauer „Bobsleigh-Mannschaft" im Jahre 1905 mit Bezirkstierarzt Bernhard Fest, Bezirkshauptmann Heinrich Freiherr von Esebeck, Sepp Mitteregger und …(?). Auf den Pullovern und Mützen ist das Monogramm W V M (**W**intersport-**V**erein **M**urau) zu sehen.
Bernhard Fest war zwar kein Sportler im heutigen Sinn sondern ein Bergsteiger und Schiläufer aus Liebe zur Natur. Er war der Erschließer des Gebietes im oberen Murtal für den alpinen Schilauf.
Bezirkshauptmann **Heinrich Freiherr von Esebeck** – der Freund von Bernhard Fest – erlernte erst als Fünfzigjähriger das Schifahren und fuhr ziemlich furchtlos und kühn.
Vor und nach dem Ersten Weltkrieg leitete er den Wintersportverein Murau.
Josef (Sepp) Mitteregger war ein überaus konditionsstarker Wintersportler. Er gewann im Dezember 1905 den Hochalpinen-Langlauf mit einer Länge von ca. 35 km über die Gipfel der Rosenkranzhöhe (1680 m), Kirbisch (2042 m), Goldachnock (2125 m), Prankerhöhe (2169 m), Schwarnbrunn (2122 m), Ackerlhöhe (2044 m), Trogscharte (1.700 m), Frauenalpe (2004 m) und Murau (809 m).

58)

Der Veteranenverein am Bahnhof Murau anlässlich des Gründungsfestes am 6. September 1908. Der Bezirkshauptmann Heinrich Freiherr von Esebeck übernahm die Patronanz für diesen Verein, der den Wahlspruch wählte „Für Religion, Kaiser und Vaterland“.

59)
Murau, Ansichtskarte von Nordwesten im Jahr 1910 mit der Kapuzinerkirche und links davon der so genannte Schöffmann-Stadel, im Vordergrund die noch vollkommen unverbauten Grundstücke.

60)
Szene aus dem **Murauer Schwimmbad**. Im Jahr 1927 wurde das „Schwimm- und Sonnenbad“ neu ausgebaut und erweitert, das der Grazer Architekt Prof. Schweighofer plante. Schweighofer plante auch den Umbau der Monsperg-Häuser – auch Renati-Häuser genannt – auf dem Hauptplatz.

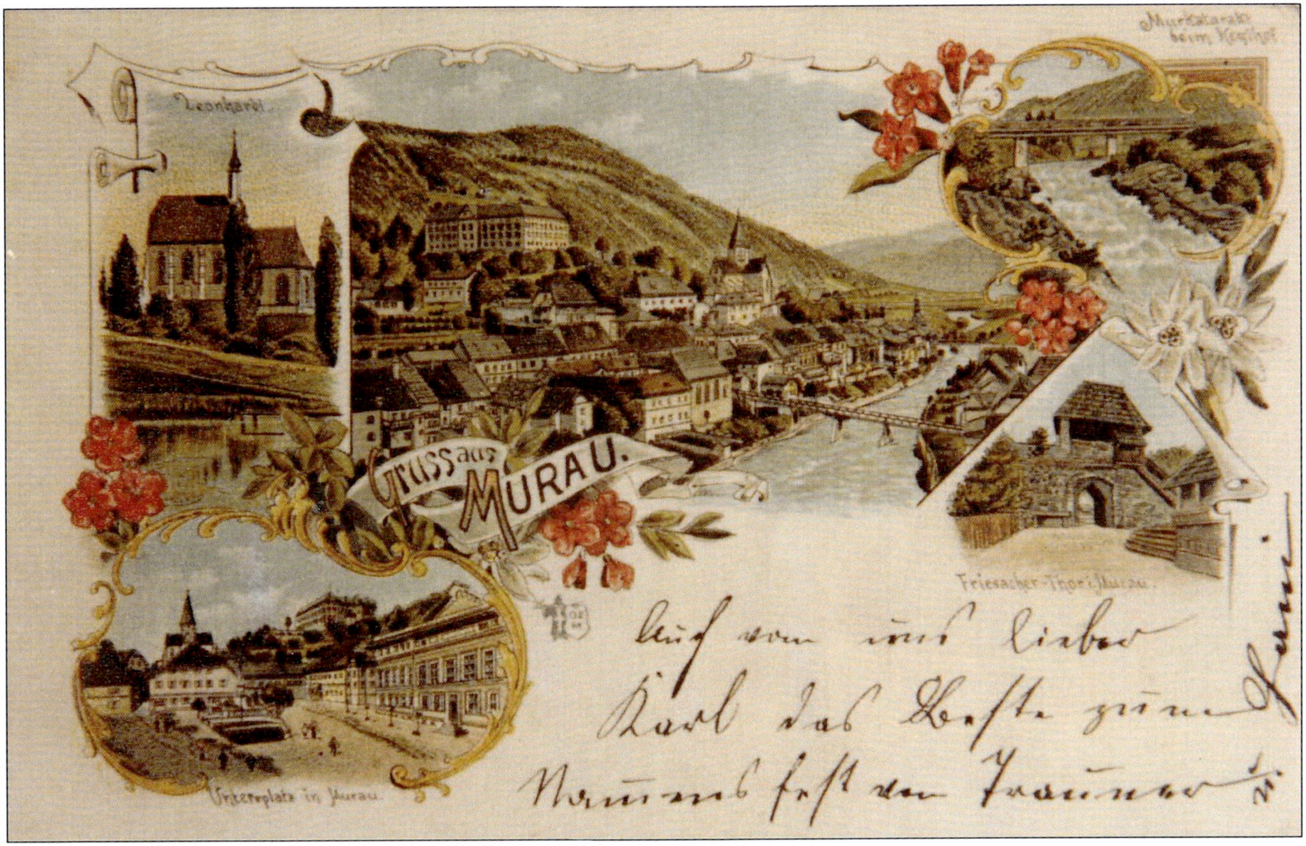

61)
„Correspondenz-Karte“ mit der Stadt, von Westen gesehen, um die Jahrhundertwende, geschmückt mit den vier Motiven St. Leonhardikirche, Hauptplatz, Murkatarakt beim Kegelhof und Friesacher Tor.

62)
Nicht nur Schifahren, Schispringen und Rodeln wurde in Murau als Wintersport betrieben, sondern auch das **Eisstockschießen.** Beim Gasthof „Grünfels", nahe dem Friesacher Tor, existiert bereits seit 1890 eine Eisbahn. Die Postkarte vom Jahr 1908 zeigt das Eisstockschießen in Murau, im Hintergrund das Haus der Familie Egger. Rechts am Bild ist ein uniformierter Eisenbahner der Murtalbahn und in der Bildmitte ist der Gastwirt Raphael Murer (Bärenwirt) als Moar zu erkennen. Das Eisstockschießen wird auch in der Gegenwart noch regelmäßig beim Gasthof Grünfels betrieben. Seit 2009 ist die Anlage zu einer überdachten Asphaltbahn ausgebaut worden, so dass auch im Sommer der Stocksport möglich ist.

63)
Die im Jahr 1894 gegründete Sektion Murtal des Alpenvereines begann 1905 den Bau der **Murauer Hütte** auf der Frauenalpe. Zu dieser Zeit machten sich Bezirkshauptmann Heinrich Freiherr von Esebeck und der Bezirkstierarzt Dr. Bernhard Fest für den Alpenverein und auch für den Wintersportverein besonders verdient. Das Bild zeigt die Eröffnung der Murauer Hütte im Jahr 1906.

64)
Bau des Elektrizitätswerkes Murau in den Jahren 1906 bis 1907. Der Betrieb wurde aber erst im Jahr 1908 aufgenommen. Bis zum Bau des E-Werkes war der Flößereibetrieb auf der Mur möglich.

65)
Bau des Elektrizitätswerkes in den Jahren 1906 - 1907 mit Blick zum Gut Kegelhof bzw. zur alten Kegelhofbrücke.

66)
Frauenriege des Murauer Turnvereines um 1910.
Eine Turnerriege existierte bereits im Jahr 1870, denn damals übergaben die Turner dem Ortsschulrat einige Turngeräte für die Mitbenützung durch die Volksschüler. Die im Jahr 1872 gegründete Freiwillige Feuerwehr soll aus der damaligen Turnerriege entstanden sein. Diese Meinung wird auch dadurch bekräftigt, dass die Feuerwehr Murau laut Volksschulchronik im Jahr 1881 die der Schule zur Mitbenützung überlassenen Turngeräte für sich beanspruchte.
Auf dem Bild sind zu sehen: 1. Paula Steinbrecher geb. Feiel, 2. Alma Ritter, 3. Leopoldine Karnitschnigg geb. Lechner, 4. Irma Fahnenböck geb. Feiel, 5. Maria Staller, 8. Lina Faher, 9. Maria Sams, 10. Hedwig Staller, 11. Christine Sperl geb. Schitter, 12. Ignaz Lippe, 13. Georg Lillitsch.

67)
Der Schlosshof Murau, links ist das Brunnenhäuschen zu sehen, das im Zweiten Weltkrieg abgetragen worden ist. Der 48 m tiefe Brunnen stammt noch von der alten Burg. Er musste im Zweiten Weltkrieg zubetoniert werden, da er von den einquartierten Soldaten verunreinigt worden ist. Auf dem Bild ist der Osttrakt mit dem Risalitgiebel zu sehen; in diesem Trakt befindet sich die St.-Achatius-Schlosskapelle.

68)
Reges Leben in der Langen Gasse (**Anna-Neumann-Straße**) in der Zeit um 1910.

69)
Die so genannten **Monsperg- oder Renatihäuser** auf dem Hauptplatz im Jahr 1910, in denen unter anderem das Stadtamt und die Sparkasse untergebracht waren. Der stattliche Gebäudekomplex war ursprünglich Hammerherrnhaus der Familie Trapp, dann derer von Monsperg und schließlich der Familie Renati. Über dem Rundbogentor ist auf der Tafel die Aufschrift **„Stadtamt & Sparkasse“** angebracht.

70)
Viehauftrieb am Rindermarkt im Jahr 1904. Von diesem Verwendungszweck stammt auch der Name Rindermarkt. In der Mitte des Platzes beim großen Baum war eine Brückenwaage/Viehwaage.

71)
Die alte Rindermarktbrücke vor dem Ersten Weltkrieg. Sie wurde nach dem Zweiten Weltkrieg wegen Baufälligkeit gesperrt und abgerissen. In den Jahren 1947 und 1948 wurden nur zwei neue Widerlager, eine Stütze und als provisorische Verbindung ein schmaler Fußsteig aus Holz errichtet. Erst im Jahr 1969 wurde eine neue 55 m lange Murbrücke aus Stahlbeton-Konstruktion gebaut. Die Rindermarktbrücke hieß seinerzeit auch Fleischbrücke und verband den Neuen Markt mit der Mautstatt.

72)
Ansichtskarte vom Jahr 1912 mit Blick auf die Stadt von Südwesten; in der linken Bildhälfte ist die **Brauerei** zu sehen. Seit rund 500 Jahren ist in Murau am Raffaltplatz (Erchtagsmarkt Nr. 14) das Braugewerbe nachweisbar. Aber auch am Rindermarkt (Neumarkt) und am Hauptplatz (Freitagmarkt) gab es Braustätten. 1910 verkaufte Gustav Baltzer um rund 620.000 Kronen sein gesamtes Brauereiunternehmen an die 1. Obermurtaler Brauereigenossenschaft. Dieser Betrieb wurde im Verlaufe der Jahrzehnte stets vergrößert, ausgebaut und modernisiert. Der Getränkeausstoß von 15.000 hl im Jahr 1910 wurde auf rund 300.000 hl im Jahr 2013 erhöht. Seit Ende April 2014 wird in der Brauerei eine völlig neue Technologie zur Biererzeugung europaweit erstmals angewendet. Das Bier wird nun anstelle von Heißdampf energiesparend mit niedriger Wassertemperatur gebraut, das aus dem Biomasse-Heizkraftwerk der Murauer Stadtwerke geliefert wird.
In der linken unteren Bildecke ist die Wurmb-Villa ersichtlich, welche die Familie des Murtalbahn-Erbauers Dr. Ing. Carl Wurmb errichten ließ.

73)
Die Murauer Musik-Kapelle 1912; der 1874 gegründete Musikverein hatte in seinem langjährigen Bestand bedeutenden Anteil an den vielen Festen und Feiern sowie am kulturellen Leben der Stadt. Vor 1874 gab es aber bereits eine Musik-Gesellschaft, wie dies ein Foto vom Jahr 1865 (siehe Bild 18) beweist, das sich im Schwarzenbergischen Archiv Murau befindet.
Auf dem Bild sind angegeben: 1) Georg Lillitsch, 2) Strohmaier, 3) Konrad Schuchnig, 4) Matthias Gruber, 5) Gottfried Staller, 6) David Purgstaller, 7) Franz Kowald, 8) Franz Dröscher, 9) Kapellmeister Leo Aigner, 10) Viktor Geisler, 11) Franz Rauch, 12) Franz Gruber, 13) Max Lippe, 14) Alois Regger, 15) Johann Eriautz, 16) Jakob Castellani, 17) Johann Thaler, 19) Meisner, 20) Ernst Wandaller.

74)

Ablieferung der Glocken im Jahr 1916 aus den Murauer Kirchen; auf dem Waggon am Bahnhof Murau zwischen den Soldaten sind Bürgermeister Apotheker Carl Gasteiger (1) und Dechant Dr. Johann Pauli (2) zu erkennen.

Zum Eingießen für Kriegszwecke wurden in den Jahren 1916 und 1917 von fast allen Kirchtürmen Glocken abgenommen. Bis zum Jahr 1916 waren in den 5 Murauer Kirchen und in der Schlosskapelle insgesamt 16 Glocken vorhanden. Im Oktober 1916 wurden 9 Glocken abgenommen und zwar am 21. Oktober von den 3 Filialkirchen (St. Anna, St. Leonhard und St. Egidi) jeweils die zwei ersten und am 23. Oktober von der Stadtpfarrkirche die zweite (Zwölferin), dritte (Elferin) und fünfte (Zügenglöckerl) Glocke.

75)
Blick vom Stolzalpenhang in Richtung Südwesten in das kaum verbaute Gebiet. Anstelle der Allee in der Bildmitte entstand in den Jahren des Zweiten Weltkrieges (1943) die Roseggersiedlung.

76)
Die Konsevor-Mühle an der Einmündung des Schlattingbaches in die Mur.

77)
Großbrand am 12. September 1913 in Murau. Außer der Murauer Stadtfeuerwehr und der freiwilligen Feuerwehren aus dem gesamten Bezirk kamen auch die Feuerwehren aus Tamsweg und Unzmarkt sowie das 17. Feldjägerbataillon aus Judenburg mit einer Dampfspritze zu Hilfe.
Da zur Zeit des Brandes windiges Wetter herrschte, war eine Brandkatastrophe ungeahnten Ausmaßes zu befürchten. Der Brand brach im Dachgeschoß des Hauses Konsevor aus, welcher sich rasch auf die Nebengebäude Mitteregger, Vasold, die Renatihäuser und das Größinghaus ausdehnte.

78)
Am **Schifahren** erfreuten sich bald viele Sportbegeisterte. In der Zeit von 27. - 31. Dezember 1913 war auf der Wiese in der Nähe des Schwimmbades ein Schikurs abgehalten worden. Hier haben die Schifahrer bereits zwei Stöcke.

79)
Auch auf den Wiesen in der schattigen **Schlatting** gab es bereits vor dem Ersten Weltkrieg einen Übungsplatz für den **Schilauf,** was auf dieser Ansichtskarte gezeigt wird. Damals war der Schilauf noch mit nur einem Stock.

80)
Gruppe der Soldaten, die am **Militär-Schikurs** am 12. Dezember 1915 in Murau teilgenommen haben.

81)
Militär-Schikurs in Murau zur Zeit des Ersten Weltkrieges. Murau war zu dieser Zeit im Schisport besonders bekannt und führend.

82)
Fronleichnamsfeier 1915 mit dem k.u.k. Infanterieregiment Nr. 95 aus Czortkow in Galizien, welches großteils im Schloss Murau einquartiert war. Diese Soldaten wurden aber im gleichen Jahr vom krainischen Feldjägerbataillon Nr. 7 abgelöst, welches bis zum Jahr 1918 in Murau verblieb. Bei einer Revolte der Feldjäger in Murau im Jahr 1918 wegen der allzuschlechten Verpflegung der Rekonvaleszenten wurde der Rädelsführer standrechtlich erschossen.

83)
Bau der so genannten Russenstraße während des Ersten Weltkrieges (1915 bis 1919) auf die Stolzalpe – diese Gemeinde hieß damals noch Stallbaum. Am Straßenbau arbeiteten Hunderte von Kriegsgefangenen aus Russland, Polen, Weißrussland, Ukraine, Kirgisien, Kaukasus und Litauen.

84)
Ehe in Murau im Jahr 1939 die Musikschule gegründet wurde, war zuvor die **Musikausbildung** auf privater Basis erfolgt.
Nach dem Ersten Weltkrieg war beispielsweise Herr Morautschnig als Privatmusiklehrer in Murau tätig. Auf dem Bild ist Musiklehrer Morautschnig mit Murauer Kindern um 1919 festgehalten: 2) Käthe Wasserer, 3) Emma Narobe verehel. Baldemayer, 4) Musiklehrer Morautschnig, 5) Emma Makevic, 6) Erna Wasserer verehel. Gerbl, 7) Franz Hainzl, 8) Johann Makevic, 9) Julius Hasselberger, 11) Hermine Rieger verehl. Orholz, 12) Elisabeth Heidenthaler verehel. Klonfero, 14) Josef Costa, 16) Erich Heidenthaler.

85)
Frauen und Kinder des **Kirchenchores der Kapuzinerkirche** im Jahr 1918.

86)

Die Teilnehmer am Weltkrieg 1914-1918 aus der Gemeinde Murau**,** die nach Kriegsende wieder in die Heimat zurückkehrten, also die **Heimkehrer:**

1) Karl Brunner
2) Peter Mosser
3) Peter Esl
4) Ulrich Klingsbüchl
5) Ferdinand Schöngrundner
6) Georg Narobe
7) Richard Beyer
8) Max Schneider
9) Ignaz Kainz
10) Adolf Pleschberger
11) Fr. Müller
12) Anton Wagner
13) Viktor Prisching
14) Johann Baier
15) Math. Staller
16) Raphael Murer
17) Wilhelm Fröhlich
18) Franz Schloyer
19) Rudolf Kramer
20) Dr. Viktor Pankesegger
21) Wilhelm Klonfero
22) Dr. Fillip
23) Max Lepitsch
24) Fr. Moser
25) Vitus Pejovnik
26) Georg Pintar
27) Ludwig Schloyer
28) Anton Hebenstreit
29) Konrad Unterweger
30) Josef Haas
31) Johann Eriautz
32) Vinzenz Barbolani
33) Georg Lillitsch
34) Alois Lindner
35) Kilian Rössler
36) Johann Moser
37) Franz Rabitsch
38) Fr. Moshammer
39) Konrad Wieland
40) Karl Gasteiger
41) Johann Pleschberger
42) Thomas Tockner
43) Johann Makevic
44) Anton Hlebajna
45) Johann Lercher
46) August Pleschberger
47) Johann Wasserer
48) Michael Schöffmann
49) Sepp Mitteregger
50) Bonif. Kindersberger
51) Rieger
52) Johann Pintar
53) Alb. Moshammer
54) Anton Unterweger
55) Ferdinand Moshammer
56) Anton Pleschberger
57) Othmar Spalt
58) Rupert Hofbauer
59) Ferdinand Kainz
60) Peter Leupold
61) Josef Moshammer
62) Felix Schwaiger
63) Dr. Edmund Maliwa
64) Franz Unterweger
65) Johann Tanner
66) Gottfried Staller
67) Hugo Pichler
68) Alois Hoier
69) Johann Moshammer
70) Hugo Gasteiger

Weltkrieg
1914-1918
Wieder in der Heimat
Die Kriegsteilnehmer der Gemeinde
Murau

87)
40jähriges Gründungsfest der Freiwilligen Feuerwehr am 11. August 1912; Fotoaufnahme beim Rüsthaus, das 10 Jahre zuvor errichtet worden war. In der Bildmitte ist das Ehrenmitglied Mag. Carl Gasteiger zu sehen. Die Gruppe der Feuerwehrmänner ist als „Aufputz" zu beiden Seiten mit so genannten Ehrenjungfrauen geschmückt.

88)
Gruppenfoto, das am 20. September 1920 vor dem im Jahr 1902 erbauten **Feuerwehrrüsthaus** auf dem Raffaltplatz anlässlich des Bezirks-Feuerwehrfestes aufgenommen worden ist.

89)
Im **Prixenhammer** an der Ranten (in unmittelbarer Nähe des heutigen Möbellagers bzw. des Verabschiedungsraumes der Bestattung Stolz) ist von allen Hammerwerken in Murau am längsten gearbeitet worden. Am 31. Oktober 1923 um 19 Uhr erfolgte auch hier der letzte Hammerschlag.
Unter den dortigen Arbeitern war bis 1923 auch **Bibiane Götzl** beschäftigt, die 1920 der „Sozialdemokratischen Arbeiterpartei" beitrat und in ihren Lebenserinnerungen die politische und wirtschaftliche schlechte Situation der damaligen Zeit eindrucksvoll festhielt.

90)
Weihe einer für die damalige Zeit höchst modernen **Feuerwehr-Autospritze** am 12. August 1923.

91)
Die 4. Volksschulklasse Murau zum Schulschluss im Jahr 1930 mit dem Lehrer Zimmermann.

92)
Die Mitglieder des Murauer Turnvereines im Jahr 1922: von links, **1.Reihe** (vorderste Reihe): 5. Maria Kabas, 6. Josefine Schicho, 7. Anna Rosenkranz, 8. Anna Ferner, 9. Hilde Lercher, 10. Hansl, 11. Rosalia Eichholzer, 12. Herma Süß, 13. Maria Mandl; **2. Reihe**: 2. Herbert Ehrlich, 3. Hans Meyer, 5. Anton Harsch, 6. Franz Amberger, 7. Leo Aigner, 8. Josef Aigner, 9. Franz Wazek, 10. Kurt Köstenberger, 11. Edwin Köstenberger, 13. Paul Zednitzer, 14. Anton Sager; **3. Reihe**: 1. Benno Steiner (zwischen 3. u. 4. Reihe), 2. Max Lippe, 3. Viktor Antes, 4. Alfons Fauland, 5. Max Weger, 6. Willi Murer, 7. Anton Schwaiger, 8. Arnold Nußhold, 9. Ferdinand Eichholzer, 10. Franz Rosenkranz, 12. Bartl, 13. Franz Müller; **4. Reihe**: 1. Anna Zeipper, 2. Regger, 3. Regger, 4. Trude Leitner, 5. Fanni Helfer, 6. Thaler, 7. Hilde Pintar, 9. Antonia Bein, 10. Steffi Antes, 11. Linnerl Thaler, 12. Kathi Murer (Bärenwirt); **5. Reihe**: 1. Engelbert Thaler, 2. Rudolf Nemec, 3. Rudolf Antes, 4. Karl Müller, 5. Norbert Pintar, 6. Anton Steinkellner, 7. Matthias Schwaiger, 8. Franz Lienhart, 9. Hermann Miglautsch, 10. Stöger, 11. Max Schlojer, 12. Santner.

93)

Der Bau des Kurhauses auf der Stolzalpe wurde im April 1927 begonnen, und nach siebenmonatiger Bauzeit erfolgte bereits die Gleichenfeier. Die Arbeitszeit für die vielen Arbeiter dauerte aber im Schichtbetrieb von 3 bis 23 Uhr!

94)
Ansichtskarte **„Stolzalpe b. Murau alte u. neue Heilstätte“** im Jahr 1928. Links im Bild von Bäumen verdeckt das 1920 erbaute Kinderheim, rechts davon das 1923/24 erbaute Haus für Erwachsene, das nach dem Bau des großen Kurhauses auch als Kinderheim Verwendung fand. Darüber thront stolz das 1927 erbaute und 1929 in Betrieb genommene neue Kurhaus, das allerdings erst am 23. Juni 1930 feierlich eröffnet worden ist. Als Ehrengäste waren damals Bundespräsident Wilhelm Miklas, Sozialminister (und späterer Kardinal) Theodor Innitzer, Fürstbischof Ferdinand Pawlikowsky und Landeshauptmann Anton Rintelen anwesend.

95)
Freiübungen der Kinder des Turnvereines Murau am ehemaligen Sportplatz (Tennisplatz) beim Isolierhaus am Fuße des Leonhardiberges anlässlich der Einweihung des neuen Turnsaales am 11. Mai 1924 in der Elisabeth-Spitalkirche.

96)
Die Männer und Frauen des **Murauer Turnvereines** im Jahr 1924 bei ihren Freiübungen am ehemaligen Tennisplatz, das ist der Platz am nördlichen Abhang des Leonhardiberges beim Rindermarkt. Die Turner sind weiß und die Turnerinnen schwarz gekleidet.
Mittlere Reihe: links außen: Willi Klonfero, Zweiter von rechts: Georg Pintar,
hintere Reihe: rechts hinten im Eck: Franz Schlojer

97)

St. Egidi mit den völlig unverbauten Grundflächen in Blickrichtung zur Stadt Murau. Die erste Siedlung im Murauer Gebiet war in St. Egidi. Erst mit der Erbauung der Burg Murau, die urkundlich 1250 erstmals erwähnt wird, verlegte sich die Siedlung in den Schutz der Burg.

98)
Die aus dem Ersten Weltkrieg stammende **Flieger-Beobachtungshütte** am Frauenalpengipfel im Jahr 1924; im Jahr 1933 wurde an ihrer Stelle die steinerne Bernhard-Fest-Gipfelhütte errichtet.
Im Ersten Weltkrieg waren von 1916 bis 1918 drei bis vier Mann als Flugzeugbeobachter einquartiert, unter ihnen auch Rudolf Zecha. In diesen 2 ½ Jahren stellten die Beobachter nur zwei Überflüge von feindlichen schweren italienischen Bombern der Type Caproni fest. Die Flugzeugbeobachter verbrachten ihre Dienstzeit großteils mit Kartenspiel. Jeden Tag musste aber ein Mann in die Stadt Murau gehen, die Meldung (keine Vorkommnisse) machen, Lebensmittel einkaufen und Holz zum Heizen zur Beobachtungshütte auf den Gipfel tragen.

99)

50jährige Bestandesfeier des Musikvereines Murau am 13. August 1924; von links, vorne liegend: 1. Franz Moshammer, 2. Georg Pintar; 1. Reihe, sitzend: 1. Leo Aigner, 2. Max Lippe, 3. Karl Primoschitz, 4. Karl Brunner, 5. Kapellmeister Georg Bäckenberger, 6. Peter Knapp, 7. Ferdinand Strauß, 8. Peter Rösler, 9. Viktor Rauter; 2. Reihe, stehend: 1. Franz Mürzl, 2. Ferdinand Tonitz, 3. Gappmaier, 5. Ferdinand Brugger, 6. Franz Schaffer, 7. Alois Stolz, 6. Franz Rauch, 9. Kilian Schwarz vlg. Moser, Stolzalpe, 10. vlg. Töller, Lärchberg, 11. Anton Schicho sen., 12. Blasius Stolz; 3. Reihe: 1. Anton Schicho jun., 2. Matthias Schwaiger, 5. Johann Eriautz, 6. David Purgstaller, 7. Pongratz Bäckenberger, 8. Albin Metnitzer, 9. Karl Brugger, 10. Matthias Reißner-Gruber.

100)
Der mitgliederstarke **Arbeitergesangsverein** „Freiheit" im Jahr 1924.
Folgende Personen auf dem Foto wurden von Bibiane Götzl identifiziert:
Max Moser (Fahnenträger links), Karl Enzinger (Fahnenträger rechts), Frau Grasser (rechts von der Fahne), Frau Pichler (links von der Fahne), Herr Schicho (3. von links in 2. Reihe), David Purgstaller (5. von rechts in 3. Reihe), Otto oder Sepp Brunner (sitzend mit Schild), vermutlich Peter Rösler (Erster von rechts in 1. Reihe).
Bei der Gründungsversammlung am 22. Juli 1922 wurden gewählt: Obmann Johann Babrosch, Obmann-Stellv. Franz Mulle, Chormeister Konrad Schuchnigg, Chormeister-Stellv. Leo Aigner, Kassier Max Lebitsch, Schriftführer Max Moser, Archivar Peter Rösler sen. und als Beiräte Josef Aigner und Theodor Kocher. Gleich nach der Gründung entwickelte der Verein große Aktivitäten.

101)
Die Altherren-Fußballer des MAC (Murauer Athletik Club) etwa im Jahr 1925 beim Sportplatz nördlich des Kapuzinerklostergartens. Der erste Fußballplatz war beim Brigittenhof, und zwar immer nur im Herbst nach dem Abernten; seit 1924 gab es dann an der Stelle der heutigen WM-Halle bzw. des Hallenbades und kurz darauf etwas östlich davon bessere Fußball- bzw. Sportplätze. Ein Fußballtrainingsplatz im Egidiwald – ebenfalls in den zwanziger Jahren errichtet – bewährte sich nicht und wurde bald wieder aufgelassen. Erst nach dem Zweiten Weltkrieg war der Sportplatz in St. Egidi angelegt worden, wo heute die Siedlungshäuser und das Telefon-Wählamt stehen. Schließlich wurden östlich der Ortschaft St. Egidi neue Sportplätze geschaffen.
Von links, vorne: Franz König, Otto Skerianz, Tormann Lenz Brunner, Dr. Binder, Rudolf Schell; stehend: Sektionsleiter Franz Lienhart, Dr. Hans Reinle, Rudolf Nemec, Franz Einer, Alfred Egghardt, Ing. Purgleitner.

102)
Die Angestellten der Murtalbahn, vermutlich im Jahre 1924 (30-Jahrfeier) vor dem Gebäude der Betriebsleitung.
Von links vorne sitzend: 1) Oberinspektor Richard Stepanek, 2) Inspektor Hans Richter, 3) Ing. Grossi von der Direktion in Graz, 4) Wamser (?), 6) Fahrdienstleiter Wilhelm Predan; von links stehend: 7) Fröhlich, 8) Rudolf Rauch, 9) Bahnmeister Gunst, Mauterndorf, 10) Bahnmeister Dworschak, Frojach, 11) Papst, 12) Bahnmeister Santner, Stadl/Mur, 13) Richard Hernach, 14) Schaffner Georg Schinnerl, 15) Insp. Guido Karnitschnigg, 16) Magazineur Johann Bein, 19) Max Schlojer.

103)

Die Murauer Lehrerschaft um 1925, von links, ganz vorne: 1. Karl Führer, 2. Wilhelm Fröhlich; sitzend: 1. Direktor Christoph Dietrich, 2. Elisabeth Echsler, 3. Anna Hannus, 4. Hedwig Oechs verm. Opersal, 5. Pater des Kapuzinerklosters Murau; stehend: 1. Hauser, 2. Kaplan Franz Riedl, 3. Martha Standegger, 4. Anna Rüber, 5. Dechant Dr. Johann Pauli, 6. Richard Beyer, 7. Adolf Mannich, 8. Chlodwig Haas.

104)
Eiserzeugung: Für die Brauerei und die Gastwirte wurde am Rindermarkt zur Bier- bzw. Getränkekühlung Eis erzeugt, wie dies hier auf der Fotoaufnahme aus dem Jahr 1926 zu sehen ist.

105)
Das Monspergkreuz im Jahr 1927, links ist die Mauer des Kapuzinergartens zu sehen. Dieser Bildstock wurde auf Grund der mehrmaligen Straßenverbreiterungen zweimal versetzt und befindet sich heute am Platz bei der Bezirksbauernkammer beim Stolzalpen-Kreisverkehr an der Bundesstraße 96.

106)
Die beiden in den Jahren 1928 und 1929 am Tieranger errichteten neuen **Tennisplätze.**

107)
Der „Verein zur Bekämpfung der Tuberkulose" plante vor dem Ersten Weltkrieg auf der **Stolzalpe bei Murau eine Sonnenheilstätte** für Kinder. Das günstige Klima und die hohe Sonnenstundenzahl gaben hiefür den Ausschlag. In Davos zählte man im Jahr 1786 Sonnenscheinstunden, in Arosa 1712 und auf der Stolzalpe 1908 Sonnenstunden!
200 Kriegsgefangene aus Russland, Polen, Weißrussland, Ukraine, Kirgisien, Kaukasien und Litauern bauten seit Ostern 1915 den Karrenweg auf die Stolzalpe zu einer Straße aus, welche 1919 fertig gestellt werden konnte; sie wird heute noch als „Russenstraße" bezeichnet. Im Jahr 1920 war der erste Kinderpavillon für 50 tuberkulosekranke Kinder in Form eines Blockhauses und 1923/24 östlich davon ein Haus zur Betreuung von 100 Patienten errichtet worden, das nach Fertigstellung des großen Kurhauses im Jahr 1929 ebenfalls den Kindern zur Verfügung stand. 1929 wurde auch die Kirche und das erste Wohnhaus gebaut.
Die Ansichtskarte aus dem Jahr 1925 zeigt rechts die beiden Heilstätten. An Stelle des aus dem Jahr 1920 stammenden ersten Kinderheimes, das ganz aus Holz errichtet und am 23. 1. 1942 abgebrannt war, entstand von 1950 - 53 ein neues großes Kinderheim, das nun nach weiteren Ausbauten als Haus 1 des Landeskrankenhauses Stolzalpe bezeichnet wird.

108)
Kaplan Alois Sindler und der Telegraphenaufseher Johann Klug gründeten im Jahr 1927 in Murau den **„Katholischen Gesellenverein“,** welcher der Organisation des Kolping-Werkes angehörte. Die Mitglieder trugen – ähnlich den Studenten – Kappen und weißgrüne Bänder. Das Gasthaus Süß in der Anna-Neumann-Straße war das Vereinslokal, in dem sie sich bis etwa zum Jahr 1934 regelmäßig trafen und die Geselligkeit pflegten.
Von links, 1. Reihe, sitzend: 1. Rudolf Traffler, 2. Bernhard Gobetz, 3. Obmann Johann Klug, 4. Kaplan Alois Sindler, 5. Ferdinand Eichholzer, 6. Johann Pfeiler, 7. Max Bär; 2. Reihe: 2. Leopold Gießmann, 4. Ferdinand Stückler, 5. Franz Kapeller; 3. Reihe: 1. Franz Wölfl, 2. Viktor Weirer, 3. Johann Wieland mit Wimpel, 4. Kautschitz (?).

109)
Von 1926 bis 1927 wurden die so genannten **Renatihäuser (Monsperghäuser)** am Hauptplatz bedeutend um- und ausgebaut; die Planung nahm Architekt Professor L. Schweighofer, Graz, vor.
Die Sparkasse Murau wurde am 5. Mai 1873 im gemeindeeigenen Haus am Hauptplatz eröffnet, nachdem 3 Jahre zuvor Bürgermeister Andreas Schneider den Anstoß zur Gründung gab.
Auf dem Bilde sind die Abbrucharbeiten im Jahr 1926 von der Murseite aus zu sehen.

110)
Gleichenfeier beim Umbau der Monsperghäuser in den Jahren 1926 und 1927 unter dem Architekten Professor Schweighofer. Auf dem westlich angrenzenden Gebäude (ehem. Vasoldhaus – jetzt Gasthaus zum Weißen Dach) ist auf den Tafeln zu lesen: im ersten Stock: „Volksbank Murau“ im 2. Stock „Brandschaden-Selbsthilfe-Verein Murau“.

111)
Die Ehrengäste bei der **Eröffnung des umgebauten Monsperghauses (Sparkassengebäudes)** am 31. Juli 1927: 1) Mag. Carl Gasteiger, 2) Architekt Prof. L. Schweighofer, 3) Bürgermeister Jakob Kitzmüller, 4) Vorstandsobmann Karl Brunner, 5) Landeshauptmann-Stellv. Alois Riegler, Teufenbach, 6) Dechant Dr. Johann Pauli, 7) Direktor Hubert Fichtner, 8) Ing. Richard Roggenhofer, 9) Direktor Ing. Adolf Popp, 10) Forstdirektor Ing. Alois Ehrlich, 11) Kammerobmann Nationalratsabg. Friedrich Kocher, 12) Jakob Wesiak, 13) Landeskonservator Dr. Walter Semetkovski, 14) Bezirkshauptmann Dr. Rudolf v. Lennkh, 17) Dr. Marian Dumat, 18) Florian Puschnig, 20) Bürgerschuldirektor Adolf Mannich, 22) Hans Amberger, 23) Ing. Franz Koch, 24) Ing. Walter Baldemaier, 25) Steueramtsdirektor Franz Lienhart, 26) Postmeister Eduard Hauser, 27) Andreas Süss, 28) Rudolf Rieger, 29) Sparkassendirektor Anton Fast, 30) Engelbert Palli, 31) Direktor Matthias Leitgeb, 32) Dr. Fritz Huber, 33) Baumeister Wilhelm Klonfero, 34) Baumeister Ing. Ferdinand Holweg, 36) Gend.-Insp. Josef Haas, 37) Dr. E. Schlemmer, 38) Baumeister Josef Hainzl, 39) Georg Pintar, 40) Gend.-Insp. Franz Völkl.

112)
65-Jahr-Feier des Gesangvereines „Liedertafel" im Jahr 1927; 1) Richard Proksch, 2) Gruber, 3) Alfons Fockt, 4) Karl Lercher, 5) Josef Leitner, 6) Johann Vöckl, 7) Jakob Wesiak sen., 8) Mag. Carl Gasteiger, 9) Ing. Franz Fannenböck, 10) Franz Heinzl, 11) Viktor Rauter, 12) Johann Amberger, 13) Wilhelm Predan, 14) Georg Lillitsch sen., 15) Rudolf Nemec, 16) Georg Pintar, 17) Alexander Necker, 18) Matthias Schwaiger, 19) Viktor Prisching, 20) Peter Seefried, 21) August Helfer, 22) Petermann, 23) Leonhard Ferner sen., 24) Christian Petautschnig, 25) Rudolf Rauch, 26) Leonhard Ferner jun., 27) Karl Sager, 28) Rochus Schaffer, 29) Josef Rahm, 30) Karl Führer, 31) Josef Saltuari, 32) Andreas Sager, 33) Ignaz Kainz, 34) Johann Jaklitsch, 35) Franz Rosenkranz, 37) Otto Wippel.

113)
Da das Kinderheim und das Haus für Erwachsene auf der **Stolzalpe** für Tbc-Kranke sich sehr bald als zu klein erwiesen haben, wurde in 1300 m Seehöhe das **große Kurhauses**, das heutige Haus 2 des Landeskrankenhauses Stolzalpe, gebaut. Die **Gleichenfeier** erfolgte im Oktober 1927, doch die offizielle feierliche Eröffnung durch den Bundespräsidenten Miklas war erst am 23. Juni 1930. Seit dem Jahr 1963 gab es keine Tuberkulose mehr, so dass vor allem die Physiotherapie betrieben wurde.
Im Jahr 1978 wurde die „Sonnenheilstätte" zu einem Landessonderkrankenhaus umgewandelt. Im Jahr 1990 wurde die interne Abteilung installiert (2012 wieder geschlossen) und die Bezeichnung auf „Allgemeines und orthopädisches Landeskrankenhaus" geändert. Das Krankenhaus ist mittlerweile vor allem für orthopädische Behandlungen eingerichtet.

114)
Das **Einkehrgasthaus Passegger (Lercher)** in der Kothgasse (Schwarzenbergstraße) im Jahr 1928; links ist der erste Murauer Taxiunternehmer Ignaz Schmölzer zu sehen und rechts der Personenwagen, welcher auf der ersten Postautolinie nach Krakaudorf verkehrte. Zwischen den beiden Autos steht in der Mitte der Gastwirt Karl Lercher. Als weitere Personen sind (von links) laut Angabe auf der Bildrückseite zu sehen: Hans Rosenkranz (Stadler), Frau Brenner, Franz Stampfer, Johanna Allert, Genoveva Lercher, Josefine Kabas, eine Kellnerin, ein Knecht, Hans Klammer sen. und Herr Palli aus Krakaudorf.

115)

Das Rathaus, ehe es in den Jahren 1925 - 1926 erneuert worden ist; dieses Gebäude war einst Wehrturm der Stadtummauerung, im 16. Jahrhundert Bürgerarsenal-Wehrturm und wurde danach (1578) zum Rathaus adaptiert. Von 1740 - 42 erfolgte ein neuerlicher Umbau und 1879 wurde das Rathaus an den Eisenwarenhändler Josef Mitteregger versteigert. Damals ging auch ein Teil des Stadtarchivs zugrunde. Erst 1920 kaufte die Gemeinde das Gebäude zurück und ließ es in den folgenden Jahren umbauen. Damals wurden auch die Römersteine eingemauert. Auf dem Bild ist rechts vom Rathaus das Haus des Hutmachers Amberger noch als einstöckiges Gebäude und das Haus des Uhrmachers Lillitsch (links) noch mit einem Zunftzeichen zu sehen. Im Jahr 2001 wurde das Rathausgebäude von der Gemeinde verkauft. Das Gebäude des ehemaligen Rathauses im 16. Jahrhundert auf dem Raffaltplatz wurde angekauft und nach einem Umbau in den Jahren 2000 und 2001 wiederum zum Rathaus adaptiert.

5309-MURAU-ALTES RATHAUS

116)
Die neu geschaffene **Murpromenade** mit dem Pavillon; Ansichtskarte mit Poststempel vom Jahr 1928; links von der Murbrücke ist noch unverbautes Gebiet. Erst einige Jahre später wurde mit dem Bau des neuen Postamtes am rechten Murufer begonnen, das am 7. September 1932 eröffnet worden ist. In den Jahren 1981 bis 1983 wurde die Murpromenade nach Abschluss der Kanalbauarbeiten erneuert und muraufwärts bis zur Brauerei verlängert.

117)

Glockenweihe am 29. April 1929 bei der Stadtpfarrkirche. Die drei Glocken (1246 kg, 690 kg und 279 kg) weihte Abt Wilhelm Zöhrer vom Stift St. Lambrecht. 13 Jahre später, im Jahr 1942, wurden diese Glocken jedoch wieder vom Turm genommen und für Kriegszwecke eingegossen. (siehe Bild 145).
Erst am 23. September 1956 konnten vom Weihbischof Dr. Pietsch vier neue Glocken geweiht werden, die bis in die heutige Zeit erhalten blieben. Es sind dies die Heldenglocke (1050 kg), die Leonhard-Glocke (585 kg), die Josef-Glocke (302 kg) und die Armenseelenglocke (74,3 kg). Lediglich die aus dem Jahr 1649 stammende „Mottl" (die dem Pfarrpatron hl. Matthäus geweihte Glocke) konnte durch einen glücklichen Zufall während beider Weltkriege am Turm verbleiben.

118)
Am 15. August 1929 gab es in Murau ein großes **Trachtenfest.** Zu diesem Anlass hat der damalige Stadtamtsdirektor Hauptmann a. D. Dr. Friedrich Zelburg die Murauer Bürgergarde wieder gegründet.

119)
Im Jahr 1929 gab es in Murau eine **Freidenker-Gruppe;**
Vorne sitzend von links: 2. Bibiane Götzl; mittlere Reihe von links: 3. Franz Vasold, 4. Michael Reinmüller, 5. Florian Reinmüller; hintere Reihe von links: 2. Franz Steiner, 3. Robert Prenkusch, 4. Franz Prenkusch, 5. Richard Spalt.

120)

Die Bediensteten der Murtalbahn in Murau, vermutlich im Jahr 1929 (35-Jahr-Feier). 2) Richard Stepanek, 3) Michael Steirer, 4) Bahnmeister Dworschak, 5) Brigola, 6) Bürgermeister Carl Gasteiger, 7) Julius Fröhlich, 9) Guido Karnitschnigg, 10) Hans Richter, 11) Emil Margold, 13) Georg Schinnerl, 14) Wilhelm Predan, 15) Wamser, 16) Kern, 17) Max Lippe, 19) Franz Koch, 22) Josef van de Castl, 23) Emmerich Lindner, 24) Karl Liebenwein, 25) Johann Hansl, 28) Ing. Richard Roggenhofer, 33) Alois Stolz, 34) Richard Gierer, 35) Johann Bein, 37) Gottfried Staller, 40) Philipp Kussian, 48) Matthias Plessnig, 49) Wenzel Jan, 50) Viktor Leitner, 58) Johann Fritz, Güterkassier, 60) Partieführer Weber, 68) Johann Fritz, Magazineur, 69) Willi Niederkofler, 71) Valentin Oberruppitsch, 73) Michael Reinmüller, 74) Franz Poliak.

121)
Eine Skikjöring-Mannschaft in Murau bei der Stolzalpen-Kreuzung etwa im Jahr 1929/30. Diese Sportart (der Schifahrer hängt sich mit einem Seil an das Motorrad an) erfreute sich in Murau einige Jahrzehnte lang großer Beliebtheit. Von links: Alfons Irrasch, Hugo Irrasch, Georg Meißnitzer, Karl Zeipper, Dr. Hans Reinle, Willi Niederkofler, Ing. Willibald Murer, Baumeister Willi Klonfero, Franz Peretitsch, Ferdinand Zeipper, Konrad Rahne, Hans Findeis, Julius Hasselberger. (Siehe auch Bild 152)

122)
Die wieder gegründete **Murauer Bürgergarde** im Jahr 1929 oder bald danach. Fritz Diechler wurde zum ersten Obmann und Hauptmann gewählt. Bei der Wiedergründung im Jahr 1929 erhielt die Garde die Waffen vom Landesgendarmeriekommando Graz, und die Uniformen wurden nach einem alten Muster angefertigt. Wie alle anderen Vereine wurde die Garde 1939 aufgelöst und konnte erst 1951 durch Mag. Ernst Gasteiger neuerlich gegründet werden. Die Gründungsfeier war am 28. September 1952.
Von links, 1. Reihe, vorne: 1. Fritz Diechler, 2. Engelbert Thaler, 3. Franz Moshammer, 4. Ferdinand Zeipper, 5. Franz Einer, 6. Johann Palmer, 8. Konrad Zipper, 9. Viktor Leitner, 10. Rochus Schaffer; 2. Reihe: 1. Ing. Ferdinand Holweg, 2. Alois Kamml, 3. Karl Sager, 4. Franz Poliak, 5. August Teichert, 6. Ferdinand Počeiko, 7. Karl Dullnig, 8. Rudolf Makevic; 3. Reihe: 2. Johann Moshammer, 3. Ludwig Egger sen., 5. Gabriel Augsdorfer, 6. Thomas Tockner, 7. Anton Fischer, 8. Josef Wimmler; 4. Reihe: 1. Theodor Lück, 2. Ferdinand Schöngrundner.

123)

Die Schlosswache des Heimatschutzes Murau am 3. August 1934 mit Wilhelm Kolbe (10), Karl Brunner (Nr. 11) und Roman Pistrich (12). Karl Brunner hat in der Zeitgeschichte von Murau ganz wesentlich mitgewirkt. (Siehe Bild Nr. 147). Bereits in den zwanziger Jahren war Karl **Brunner** eifrig tätig für den Aufbau des Heimatschutzes.

124)
Die Angehörigen der Selbstschutzgruppe (**Heimwehr bzw. Heimatschutz**) trafen sich bereits in den zwanziger Jahren zweimal in der Woche im Schlosshof zur Ausbildung und zum Exerzieren.
Aber auch die Ausfahrten zu den Übungen und Einsätzen wurden oft vom Schlosshof aus unternommen.
Der Gau Murau des Heimatschutzes veranstaltete laufend Übungen, so zum Beispiel im Herbst 1932 eine große militärische Nachtübung von Samstag auf Sonntag mit rund 600 Mann aus Murau, Oberwölz, Neumarkt und Ramingstein.
Im Frühjahr 1932 bildeten sich in der Landesführung zwei Gruppen im Heimatschutz, und zwar eine radikale und eine gemäßigte mit Kottulinsky, Brunner, Hainzl und Stegmüller.

125)
Die Fahrzeuge für den Einsatz stehen im Schlosshof bereit, so auch im Februar 1934 zum Einsatz nach Teufenbach, Leoben, Bruck und weiteren Orten und Städten. Im Jahr 1927 kam es zu großen Aufmärschen in der Steiermark. Der erste große Aufmarsch in der Obersteiermark war in Knittelfeld. Unter den 10.000 Aufmarschierten waren 500 aus dem Gau Murau. Am Nachmittag reisten die Murauer wieder heim, doch dann sprach in Knittelfeld bei einer Gegenkundgebung des Schutzbundes **Dr. Renner.**
Etwa 1930 war der ehem. Bundeskanzler **Dr. Seipel** in Murau und hielt im Gasthof Kiendl eine Ansprache zu den eingeladenen Gästen und rühmte den Heimatschutz im Kampf gegen den Marxismus. (Zitate aus Brunners Lebenslauf)

126)

„Klub der Arbeitsscheuen" – 1936.

Die Mitglieder des „Klubs der Arbeitsscheuen" trafen sich an jedem Montagvormittag zwischen 10 und 12 Uhr im Gasthaus Bacher „Zur blauen Traube", und zwar bis zur Schließung dieses Gasthauses im Jahr 1959. Die Klubmitglieder durften weder von der Arbeit sprechen noch ein Werkzeug (Zollstab, Bleistift etc.) bei sich haben, und ihren Weg ins Gastzimmer mussten sie stets durch die Küche wählen. Bei Verstößen gegen diese Grundsätze wurden sie mit einem „Vaterunser" bestraft, das heißt, sie mussten 1 Liter Wein bezahlen.

Am Faschingsmontag wurden die Strafgelder alljährlich in Getränk und Essen umgesetzt. Da durften auch die Frauen der Klubmitglieder anwesend sein.

1. August Helfer, 2. Julius Hasselberger, 3. Johann Palmer, 4. Anton Schicho, 5. Franz Mulle, 6. Karl Sager, 7. Thomas Tockner, 8. Leo Aigner, 9. David Purgstaller, 10. N. N., 11. Gottfried Cerny, 12. Viktor Prisching, 13. Frau Schuster, 14. Agnes Mulle, 15. Maria Diechler, 16. Georg Meißnitzer, 17. Karl Österreicher, 18. Ella Jaklitsch, 19. Frau Opersal, 20. Hans Kiendl, 21. Johanna Castellani, 22. Wilhelm Klonfero, 23. Maria Ferner, 24. Grete Pintar, 25. Fritz Diechler, 26. Genoveva Lercher, 27. Mathilde Bacher, 28. Dr. Walter Ort, 29. Lukas Schnedl vlg. Joslbauer, 30. Johann Moshammer, 31. Georg Pintar, 32. Georg Egger, 33. Norbert Pintar, 34. Georg Lillitsch, 35. Johann Amberger, 36. Karl Lercher, 28. Raphael Murer, 39. Paul Pfletschinger, 40. Kaplan Alois Sindler, 41. Hans Richter, 42. Franz van de Castl, 43. Josef Edlinger vlg. Jaunz, 44. Direktor Richard Beyer, 45. Rochus Schaffer, 46. Ferdinand Schöngrundner, 47. Franz Stolz, 48. Rosa Ploinig, 49. Herr Leitner, Lienz; 50. Peter Knapp, 51. Franz Lienhart, 52. Karl Opersal, 53. Julius Fuchs, 54. Direktor Adolf Mannich, 55. Julius Hasselberger sen.

42
43
45
47
48
50
54
53
28
29
30
31
32
33
34
35
36
37
38
39
40
41
13
14
15
16
17
19
21
23
24
26
27
20
22
25
1
2
3
4
5
6
8
9
10
11
12

127)
60jähriges Bestandsjubiläum der Freiwilligen Feuerwehr und Rettungsabteilung Murau, 13. - 15. August 1932. Von links, 1. Reihe, am Boden sitzend: Felix Schwaiger, Johann Moshammer, Johann Schwaiger, Viktor Prisching, Norbert Pintar, Franz Moshammer, Florian Ofner; 2. Reihe: Jakob Eichholzer, Rochus Schaffer, Wilhelm Klonfero, Engelbert Thaler, Max Moser, Viktor Rauter, Karl Süss, Sebastian Kerschbaumer, Mag. Ernst Gasteiger, Anton Fast, Alfons Fockt, Johann Haidenthaller; 3. Reihe: Thomas Tockner, Karl Brunner, Georg Lillitsch, Josef Rössel, Otto Dröscher, Johann Hahn, Sylvester Weilharter, Johann Lück, Georg Egger, Leo Aigner, Alois Maislinger, Franz Vasold, Kaspar Lindner; 4. Reihe: Andreas Süss, Alexander Necker, Karl Sager, Leonhard Ferner jun., Josef Wimmler, Georg Pintar, Ferdinand Eichholzer, Rudolf Antes, August Teichert, Josef Hoppel, Franz Reimer, Josef Hoheneder, Johann Stampfer; 5. Reihe: Josef Süß, Anton Haring, Johann Kerschbaumer, Franz Schell, Friedrich Tremmel, Franz Filip, Viktor Antes, Georg Schinnerl, Franz Koren, Lorenz Moser; 6. Reihe: Michael Sager, Johann Gruber, Fritz Diechler jun., Johann Schmidt, Josef Lindner, Josef Weilharter, Anton Sager, Johann Marak, Johann Seifter, Johann Wallach, Ferdinand Krapfl.

128)
Die Mitgliederzahl des **Veteranenvereines Murau** aus dem Ersten Weltkrieg war im Jahr 1936 besonders groß; im Vordergrund die Musikkapelle Murau.

129)
Die Fahnengruppe der Ortsgruppe Murau vom **Jung-Vaterland** im Jahr 1934. Das Jung-Vaterland war die Jugendgruppe des Heimatschutzes.

130)
Zum Abrichten der Mitglieder von **Jung-Vaterland** des Heimatschutzes Murau mit der Waffe waren eigene Ausbildner notwendig, wie hier auf dem Bilde aus dem Jahre 1936 zu sehen ist.

131)
Die mitgliederstarke **Ortsgruppe Murau des Heimatschutzes** mit der großen Anzahl von Jugendlichen (Jung-Vaterland) im Jahr 1936.
Zwischen der bürgerlichen **Heimwehr und dem Schutzbund** der Sozialdemokraten gab es in Murau selbst keine offenen Auseinandersetzungen. Der Februaraufstand 1934 fand in Murau praktisch nicht statt. Dem **Schutzbund** Murau gehörten im Jahr 1933 insgesamt 45 Männer an.

132)
Bjorne Karlsen aus Oslo, Norwegen, am 8. März 1936 beim Schispringen auf der damals neuen großen **FIS-Schanze (Gumpoldschanze)** in Murau. Unter 24 Konkurrenten stellte er mit 56 Metern den ersten Schanzenrekord auf dieser Sprungschanze auf. (Laut Angabe von Sepp Sabitzer)

133)
Am 1. Juni 1938 wurde der Stadtbaumeister **Wilhelm Klonfero als neuer Bürgermeister** von Murau im Landratsamt angelobt. Als Zeugen fungierten damals die Gendarmerie-Inspektoren Josef Haas (hinten links) und Anton Klammert. Am 15. Dezember 1939 wurde Klonfero vom Rechtsanwalt Dr. Georg Versitsch als Bürgermeister abgelöst.

134)
Beim **„Anschluss“** im Jahr 1938 waren die Häuser festlich geschmückt. Hier ist das Gebäude der Brauerei mit Fahnenschmuck zu sehen.

135)
30. März 1938: Kurze Zeit nach dem „Anschluss“ fuhr **Hermann Göring,** der Luftwaffenführer und Propaganda-Chef von Hitler, durch Murau und Tamsweg nach Mauterndorf in den Lungau. In der Anna-Neumann-Straße war zu diesem Anlass das Transparent **„Hermann Grüß Gott!“** angebracht.

136)
30. März 1938: Die Stadt Murau war anlässlich der Durchfahrt von Hermann Göring mit diesem Transparent geschmückt: **„Ein Volk - ein Reich - ein Führer“.**

137)
Der Hauptplatz im Winter mit dem Wetterhäuschen. Zu dieser Zeit gab es noch keine Verkehrs- oder Parkplatzprobleme, so dass Schifahrer ungestört bis zur Haustüre fahren konnten.

138)
Am 1. Juli 1939 bezogen rund 250 internierte Häftlinge das „**Arbeitslager für Anhaltehäftlinge**" in Gestüthof bei Murau. Sie wurden vor allem für den Straßenbau verwendet. Von 1939 bis 1940 waren es hauptsächlich politisch verfolgte Häftlinge und Kleinkriminelle bzw. solche, die von den NS-Behörden als „Asoziale" bezeichnet worden sind. Ab Sommer 1940 waren im Lager zum überwiegenden Teil belgische und französische Kriegsgefangene untergebracht.

139)
Seit dem Herbst 1938 wurde der **Ausbau** und die streckenweise Verlegung **der Murtalstraße** von Scheifling nach Murau vorgenommen. In Murau wurde die neue Trasse als Umfahrungsstraße am Nordrand der Stadt angelegt. Im Hintergrund sind die Grundflächen, auf denen wenige Jahre später die Roseggersiedlung gebaut wurde.

140)
Es dauerte noch einige Jahr, bevor die neue Straße mit einer Breite von 9 Metern über diesen **Brückenbogen** führte. Die Fertigstellung der Straße erfolgte erst einige Jahre nach dem Ende des Zweiten Weltkrieges.

141)
Bau der Südtiroler Siedlung in der Roseggerstrasse in den Jahren 1941 - 1944. Diese Siedlungshäuser wurden für die aus Südtirol zur deutschen Volksgruppe gehörigen Ausgesiedelten gebaut. Sie wurden von der Südmärkischen Heimstätte errichtet. Es war dies eine Unterorganisation der DAF (Deutschen Arbeitsfront). Es waren 68 Wohnungen geplant, wovon bis 1944 aber nur die Hälfte – 10 Zweispänner mit 36 Wohnungen – verwirklicht wurde.
Im Hintergrund ist die in Bau befindliche nördliche Umfahrungsstraße von Murau ersichtlich.

142)
Der Grübl-Hammer an der Ranten, dessen Reste noch bis in die Vierzigerjahre des 20. Jahrhunderts zu sehen waren. Entlang des Rantenbaches waren seinerzeit insgesamt 9 Hammerwerke im Bereich der Gemeinde Murau.

143)
Ansichtskarte vom Jahr 1941 mit **Blick ins Rantental.**

144)
Ansichtskarte vom Jahr 1941, im Vordergrund die Einfamilienhäuser in der **Schlatting,** links der Leonhardiberg mit der Filialkirche St. Leonhard und dem Wehrturm der ehemaligen Burg Grünfels.

145)
Alle **Glocken,** die nach dem Ersten Weltkriege gegossen worden sind, mussten **abgeliefert** werden. Am 2. Februar 1942 (Lichtmesstag) wurden insgesamt 11 Glocken abgegeben. Lediglich die aus dem Jahr 1649 stammende Mottl mit einem Gewicht von 2.500 kg ist wegen ihres Gewichtes und Alters im Ersten und Zweiten Weltkrieg von der Ablieferung verschont geblieben.

146)
Englische Kriegsgefangene in Gestüthof, die für Arbeiten in der Landwirtschaft eingesetzt waren.

147)

Karl Brunner ist für die Lokalgeschichte von Murau von großer Bedeutung. Er verhinderte zu Ende des Zweiten Weltkrieges durch einen kühnen Handstreich die Besetzung der Stadt Murau durch die Sowjets.

Brunner, geboren 1889 in Vitis/NÖ, fand 1918 in Murau als Kaufmann eine neue Heimat, betätigte sich recht eifrig im politischen Leben und war von 1924 - 1938 Gemeinderat in Murau. Er gründete 1919 als „Gegengewicht zu den Sozialdemokraten" – wie er selbst berichtet hat – einen bewaffneten Verband bürgerlicher Richtung, der seit dem Jahr 1923 Heimatschutz genannt wurde. Brunner war seit 1919 Obmann der Deutschdemokratischen Partei in Murau, die 1920 zur Großdeutschen Partei umbenannt wurde. Brunner war im Heimatschutz an führender Stelle tätig. Im Frühjahr 1932 bildeten sich zwei Gruppen im Heimatschutz, eine radikale und eine gemäßigte Gruppe mit Brunner. Auf Grund seiner führenden politischen Tätigkeit wurde er am 12. März 1938 beim „Anschluss" verhaftet und zu lebenslangem Kerker verurteilt. Er war sieben Jahre lang vom 16. März 1938 bis 6. April 1945 in den Gefängnissen Judenburg, Leoben und Karlau in Graz. Bei einem Bombenangriff auf die Strafanstalt Karlau wurden viele Wachebeamte und 150 Häftlinge getötet. Brunner hatte zwei Beamte, darunter auch den Gefangenenhausdirektor, mit bloßen Händen als bis zum Hals Verschüttete ausgegraben. Für dieses sein wackeres Verhalten wurde er vom Justizministerium Berlin gnadenhalber entlassen. So kam er am 7. oder 8. April 1945 in Sträflingskleidung nach Murau (siehe Bild) und einen Monat später leistete er bereits eine weitere Heldentat.

Am 11. Mai 1945 sammelte Brunner mit Hilfe der Gendarmerie englische Kriegsgefangene, die als Landarbeiter in der Umgebung von Murau untergebracht waren, ließ sie mit Beutegewehren, Maschinengewehren und Tellerhelmen ausrüsten und errichtete mit ihnen beim Mauthofbauer in Triebendorf eine Straßensperre, um eine englische Besetzung von Murau vorzutäuschen. Er selbst fuhr als „Kommissar von Murau" den vorrückenden sowjetischen Truppen bis Scheifling entgegen und hielt sie von einer Besetzung des Bezirksstadt Murau erfolgreich ab.

Bei einer Wählerversammlung im Turnsaal Murau im November 1945 erklärte der Nationalrats-Kandidat Brunner *„Ich bin sieben Jahre in der Karlau gesessen und habe in dieser Zeit das Beten und Verzeihen gelernt"*. Und nach dieser Läuterung hat er dann auch gelebt und in der Politik versöhnend gewirkt.

Brunner war von November 1945 bis 1953 Nationalrat, dann Landtagsabgeordneter, von 1953 bis 1961 Landesrat und von 1961 bis zu seinem Ableben am 3. April 1964 Erster Landtagspräsident der Steiermark.

In Murau wirkte er unter anderem im Vorstand der Brauereigenossenschaft, der ADEG (Einkaufsgenossenschaft) und bei der Stadtsparkasse. Als Landesrat erwirkte er für Murau die Gründung der Landesberufsschule.

Karl Brunner in Sträflingskleidung im April 1945 beim Torbogen zur Elisabeth-Spitalkirche in Murau nach seiner Entlassung. Er verbrachte 5 Jahre und 2 Monate in Einzelhaft.

148)
Zu **Kriegsende im Mai 1945** stauten sich die Autos und Pferdefuhrwerke der restlichen deutschen Truppen in der Stadt. Die Kolonnen kamen vom „Samerbichl“ (Säumerbühel), benützten die Bahnhofbrücke und fuhren durch die Anna-Neumann-Straße in Richtung Lungau. Zu dieser Zeit gab es noch nicht die Nordumfahrungsstraße – die heutige Bundesstraße – in Murau.

149)
Auch in der mit Fahnen geschmückten Anna-Neumann-Straße stauten sich im Mai 1945 die Militär-Fahrzeuge beim **Rückzug** in Richtung Lungau.

150)

Wintersportverein Murau im Jahr 1947; **Schirennen** um die „Silberne Schneerose" von der Frauenalpe. Damals siegte Sepp Sabitzer, der in späteren Jahren zu einem erfolgreichen Schispringer wurde. Von links stehend: Ludwig Egger, Albin Hopfgartner, Ernst Schaffer, Werner Sperl, Karl Weger, Richard Sagmeister, Ernst Pintar; Sepp Sabitzer, Franz Moshammer; vorne hockend: Max Soschner, Willi Egger und Hans Schlick.

151)
Der **Turnverein Murau** wurde nach dem Zweiten Weltkrieg am 21. Juni 1949 in der Versammlung vom 21. Juni 1949 im Gasthof Lercher wieder gegründet und wählte die Österreichische Union als Dachverband. Im Juni 1952 wurde in Neumarkt erstmals wieder eine Vereinsmeisterschaft in Geräteturnen und in Leichtathletik durchgeführt. Auf dem Bild sind folgende Turner und Turnerinnen zu sehen: Von links vorne sitzend: Erwin Fötschl, Heinz Hochfellner, Adolf Egger, Hans Scherz; Vordere Reihe stehend: Franz Wazek, Hildegard Fellner, Ludwig Egger, Helga Schneider (Ternegg), Inge Jörg (Schuhberger), Melitta Vogt (Leitgeb), Elfi Draschl (Gladik), Max Lebitsch; Hintere Reihe: Max Gassenbauer, Luis Oberreiter (Tischler bei Wazek), Hans Lebitsch, Heinrich Müller, Max Zoschner; Horst Marchler, Herbert Fröhlich, Manfred Zipper.

152)
Auch nach dem Zweiten Weltkrieg wurde das für Zuseher sehr beliebte **Skikjöring** veranstaltet. Auf dem Bilde ist Karl Hager mit dem Motorrad und Ernst Pintar auf Skiern beim Skikjöring am 11. Jänner 1948 zu sehen. (Siehe auch Bild 121)

153)
Im Jahr 1948 gab es ein **Heimkehrerfest.** Hier marschieren die Heimkehrer bereits auf der neuen Trasse der nördlichen Umfahrungsstraße. Vom Schlossberg zum Lärchberg ist bereits eine Holzbrücke als Verbindung errichtet worden.

154)
Im Jahr 1949 gab es bereits ein weiteres Fest. Am 30. und 31. Juli wurde die **650 Jahrfeier der Stadt** begangen. Es war dies ein ganz besonders großes Fest. Zu diesem Anlass hat Magister Ernst Gasteiger, von Beruf Apotheker, unter dem Titel „650 Jahre Stadt Murau“ eine umfangreiche Broschüre zur Geschichte der Stadt herausgebracht.

155)
Unter den Ehrengästen waren bei der **650 Jahrfeier** (von links) auch der Landeshauptmann Josef Krainer, Bundeskanzler Ing. Leopold Figl, Hauptschuldirektor Dr. Alfons Tockner und Dr. Heinrich Prinz zu Schwarzenberg.

156)

Klub der Arbeitsscheuen im Jahr 1951 im Gasthaus Bacher. Diesem illustren „Klub“ gehörten großteils Gewerbetreibende, Gastwirte und Kaufleute an, wie dies aus den angeführten Namen hervorgeht. Sie trafen sich an jedem Montagvormittag. Man könnte sagen, sie machten „blau“.

Die Namen der Abgebildeten:

1) Johann Dengg, Gastwirt, mit verkehrt gehaltener Harmonika 2) Franz Amberger, 3) Adolf Lercher, Gastwirt, 4) Julius Seidl, Portier, 5) Hermine Pintar, 6) Julius Hasselberger, Kaufmann, 7) Norbert Pintar, Schmied, 8) Thaddäus Egghardt, Gutsbesitzer, 9) Erwin Souresny, Kaufmann, 10) Georg Meisnitzer, Taxiunternehmer, 11) Viktor Prisching, Kaufmann, 12) Heinrich Orholz, Beamter, 13) Thomas Bacher, Gastwirt, 14) N. N., 15.) Mathilde Bacher, Herbergswirtin, 16) Leonhard Ferner, Gastwirt, 17) Lotte Petautschnig, 18) Johann Moshammer, Maler; 19) Dr. Ladislaus Bauer, BH-Angestellter, 20) Ella Jaklitsch, 21) Karl Brunner, Nationalratsabgeordneter und später Landtagspräsident, 22) Rochus Schaffer, Gastwirt, 23) Agnes Schrotthofer, Gastwirtin, 24) Lukas Schnedl vlg. Joslbauer, 25) Anton Schicho, Maler, 26) Hilde Johs, 27) Martha Lercher, 28) Josefine Stadler, 29) Aldo Castellani, 30) Otto Stadler, 31) Anton Harsch, Spengler, 32) Jakob Wesiak, Kaufmann, 33) Michael Schiffer vlg. Hansmann, Katsch, 34) Christian Petautschnig, 35) Walter Amberger, Hutmacher, 26) Ferdinand Schrittwieser, Fleischer, Stolzalpe, 37) Alois Wallner, Kaufmann, 38) Ignaz Wieser, 39) Hans Kiendl, Gastwirt, 40) Hans Kerschbaumer, Hafner, 41) Anton Stessl, Gastwirt, 42) Franz Schell, Tapezierer.

Klub der Arbeitsſcheuen

157)

Ernst Gasteiger, geb. am 23. Jänner 1901 in Murau, gest. 9. Oktober 1970, von Beruf Apotheker, hat in Murau deutliche Spuren hinterlassen. Murau hat ihn daher 1967 mit der Ehrenbürgerschaft der Stadt gedankt.

Gasteiger hat sich ganz der ehrenamtlichen Arbeit im öffentlichen Leben verschrieben. Er belebte den Wintersport in Murau als Vorsitzender des Wintersportvereines von 1932 bis 1938, veranlasste nach dem Zweiten Weltkrieg die Wiedergründung des Fremdenverkehrsvereines und der Bürgergarde, gründete 1949/50 das Heimatmuseum – das heutige Stadt- und Handwerksmuseum –, bemühte sich um die Erhaltung der Kunst- und Kulturdenkmäler und stärkte als Archivpfleger das Geschichts- und Traditionsbewusstsein der Bevölkerung. Auch die Gründung der Jugendherberge und eines Campingplatzes sowie die Anlage der Tennisplätze gehen auf seine Initiativen zurück. In der Kommunalpolitik wirkte er als Gemeinderat und Vizebürgermeister in Murau. Für die 650-Jahrfeier der Stadt Murau verfasste er die Festschrift.

Einige Persönlichkeiten fanden besonders lobende Worte für Gasteiger: Der Landesrat und spätere Minister DDr. Udo Illig schrieb in das Gästebuch des Murauer Heimatmuseums: *„Solange es solche Männer gibt, wie ihn, ist mir um die österreichische Kultur nicht bange."*

Die steirische Heimatdichterin Paula Grogger schrieb über Gasteiger in ihrem 1975 erschienenen Buch „Späte Matura" Folgendes:

„Im oberen Murboden die Tradition zu pflegen ist leichter. Das Volk hat noch lebendiges Brauchtum, und der Apotheker Ernst von Gasteiger war lebtags ihr Treuhänder. Ich habe jeweils um ein Medikament bei ihm zugesprochen. Aber ungleich mehr als der pharmazeutischen Praxis bedurfte ich seiner kulturhistorischen Wissenschaft. Er war ein unfehlbarer Fachmann. Er hat die Vergangenheit der Stadt Murau mit allen ihren Schätzen der Zukunft erhalten. Ich habe viel von ihm und dem gottlob noch lebenden Archivar Dr. Andraschko gelernt".

Mag. Ernst Gasteiger als Garde-Hauptmann

158)
Zur Segnung des neu erbauten Kinderheimes der Landessonnenheilstätte Stolzalpe am 22. Oktober 1953 kam **Bundespräsident Dr. Theodor Körner,** der im Anschluss gemeinsam mit Vertretern der Politik Murau besuchte und von der **Murauer Bürgergarde** auf dem Hauptplatz mit einer Ehrensalve begrüßt wurde.
1. Reihe von rechts: Landeshauptmann Josef Krainer, Bundespräsident Dr. Theodor Körner, Bezirkshauptmann Dr. Johann Rosenberger, dazwischen dahinter Dr. Horvatek, Landeshauptmann-Stellv. Dr. Machold, Nationalrats-Abgeordneter Karl Brunner, N.N., Gendarmerie-Oberst Zenz, Gardehauptmann Mag. Ernst Gasteiger.
Die **Murauer Bürgergarde** wurde 1951 wieder neu gegründet und dies mit einem Gardetreffen und Trachtenfest am 28. September 1952 gefeiert. Die 1931 als Verein gegründete Murauer Bürgergarde wurde – wie alle anderen Vereine – 1939 behördlich aufgelöst. Mag. Ernst Gasteiger hat die Wiedergründung veranlasst und die Garde bis zu seinem Tod im Jahr 1970 als Obmann geleitet. Die Garde hat sich im Verlaufe der Jahrzehnte zu einer repräsentativen Garde entwickelt.
Von 1971 bis 1985 war Ing. Josef Strasser Garde-Obmann und seit 1987 hat Ing. Rudolf Paschek als Obmann die Garde zu neuem kräftigen Vereinsleben verholfen.

159)
Auch die **Murauer Schuljugend** begrüßte am 22. Oktober 1953 den Bundespräsidenten Dr. Theodor Körner und den steirischen Landeshauptmann Josef Krainer auf dem Hauptplatz.

160)
Die Damenriege des Union Turnvereines im März 1954 mit dem Vorturner Ludwig Egger. Von links vorne sitzend: Sophie Oberreiter, Helga Schneider (Ternegg), zweite Reihe sitzend: Erika Seyfried, Friedl Kabas (Schukoff), Friedl Rösler; Dritte Reihe: Ludwig Egger, Resi Heidinger, Elfi Draschl (Gladik), Hermi Steinbrucker (Moser) und Franziska Furtlehner (Schaberl).

161)
Wenige Jahre nach dem Neubeginn des **Turnvereines** erzielte die Herren-Stammriege bereits großartige Leistungen im Geräteturnen in der zum Turnsaal ausgebauten Elisabethkirche und auch bei Schauturnen im Murauer Freibad, wie hier auf dem Bilde.
Von links stehend: Ludwig Egger, Adolf Egger, Karl Atzenhofer, ….

162)
Salonorchester des Musikvereines Murau beim Feuerwehrball 1953
Vorne sitzend v. links: Franz Niefergall, Johann Moshammer, Kapellmeister Walter Kiendl, Musikvereins-Obmann Norbert Pintar, Anton Schicho, Willi Pogertschnig, Karl Sager; Hinten stehend von links: Gottfried Cerny, Hermann Weys, Karl Miculic, Peter Rösler, Alfred Preiß, Ludwig Winzig, Bruno Kitzmüller, Michael Steirer, Michael Sager

163)

Der Musikverein im Jahr 1958.

Von links: vorne sitzend: Franz Glantschnig, Alfred Kammel, Rudolf Lercher, Willi Pogertschnig; 1. Reihe sitzend: Thomas Knapp, Franz Fixl, Siegfried Pritz, Friedrich Seidl, Kapellmeister Max Rappitsch, Alois Schitter, Josef Ebner, Willi Gobald, Walter Ofner; 2. Reihe stehend: Bernhard Fixl, Franz Seidl, Johann Ofner, Anton Gruber, Wolfgang Wieland, Fritz Geißler, Josef Stockreiter, Stabführer Peter Rösler; Letzte (hintere) Reihe: Gottfried Stockreiter vlg. Grillschmied, Johann Siebenhofer vlg. Waldbauer, Michael Lankmeier, Josef Zoher, Anton Schicho, Anton Galler, Georg Perner, Edmund Güttersberger.

164)
Anlässlich der 500-Jahrfeier der Markterhebung von St. Lambrecht besuchte der **Bundespräsident Dr. Adolf Schärf** am 5. Juli 1958 auch die Stadt Murau. Die Murauer Bürgergarde mit ihrem Hauptmann Mag. Ernst Gasteiger begrüßte das Staatsoberhaupt mit einer Ehrensalve.
Die **Murauer Bürgergarde –** 1716 als „*Stadt guardia*" erstmals genannt – wurde anlässlich des großen Trachtenfestes im Jahr 1929 vom damaligen Stadtamtsdirektor Friedrich Zelburg wieder gegründet und 1931 als Verein angemeldet, doch, wie alle anderen Vereine, 1939 behördlich aufgelöst.
1952 erfolgte eine neuerliche Wiedergründung. Die Bürgergarde entwickelte sich seither zu einer repräsentativen Garde, die im kulturellen Leben der Stadt fest verankert ist und die bei kirchlichen oder weltlichen Anlässen durch ihr Auftreten ein festliches Gepräge verleiht. Dabei werden stets Ehrensalven abgefeuert.
1953 erhielt die Garde unter dem Protektorat von Dr. Heinrich Prinz zu Schwarzenberg eine neue Fahne, und 1966 wurde auf Gasteigers Bemühen für Murau wieder einen Samson geschaffen, der 1968 im Rahmen eines Festes der Öffentlichkeit vorgestellt worden ist.

165)
Die **Freiwillige Feuerwehr** der Stadt Murau bei der 90-Jahrfeier am 29. und 30. Juni 1963. Im Jahr 1951 wurde der Vereinsname von „Freiwillige Feuerwehr und Rettungsabteilung Murau“ in „Freiwillige Feuerwehr der Stadt Murau“ geändert.
Von links, vorne (1. Reihe) sitzend: Ferdinand Eichholzer, Hedi Schnabl (Pankesegger), Dr. Fritz Pankesegger, Jakob Eichholzer, Karl Brunner, Josef Wilplinger, Johann Moshammer, Peter Tschina, August Teichert, Mag. Ernst Gasteiger, Alexander Necker, Florian Moshammer; 2. Reihe: Wilhelm Gfrerer, Matthias Pleßnig, Ludwig Möhsl, Johann Weber, Florian Ofner, Franz Wazek, Lorenz Köchl, Johann Kiesch, Othmar Krassnitzer, Johann Moshammer, Alois Wallner, Adalbert Wazek; 3. Reihe: Ferdinand Krapfl, Blasius Krobath, Baldur Egretzberger, Hugo Irasch, Hans Tschina, Ernst Sommer, Anton Pucher, Karl Dulnigg, Helmut Petautschnig, N.N., Franz Schell; 4. Reihe: Josef Gell, Karl Schenk, Hans Moser, Hans Grundner, Helmut Wedam, Manfred Haas, Rudolf Weilharter, Karl Diechler, Anton Sager, Johann Bosic und Kurt Schrotthofer.

166)
40-Jahrfeier des **Arbeitergesangsvereines** im Jahr 1962. Nachdem im Jahr 1919 die sozialdemokratische Lokalorganisation in Murau gegründet worden war, wurde am 22. Juli 1922 der Arbeitergesangsverein „Freiheit" gegründet. Zuvor waren zwei Versuche zur Gründung eines Arbeitergesangsvereines unternommen worden, und zwar 1902 mit dem Namen „Vorwärts" und 1908 mit dem Namen „Alpenrose". Wie alle anderen Vereine war auch der Arbeitergesangsverein von 1938 bis 1945 aufgelöst. Rina Scherf war von 1950 bis 1977 Chorleiterin und legte diese Funktion erst im Alter von 85 Jahren zurück. Mit 30. Juni 2006 wurde der Verein nach jahrzehntelanger Untätigkeit aufgelöst.
Auf dem Bild von links: vorne sitzend: Rupert Kampusch, Peter Rösler, Peter Rösler sen., Chorleiterin Rina Scherf, Anton Schicho und Hans Grois; mittlere Reihe: Philipp Taferner, Alois Passegger, Adolf Putz, Simon Ofner, Matthäus Gruber; hintere Reihe: N.N., Willi Pogertschnig, Raimund Bogensberger, Josef Schaffer und Gerhard Göpfart.

167)
Einige Mitglieder des **Kameradschaftsbundes** in den fünfziger Jahren des 20. Jahrhunderts. Von links, sitzend: Rudolf Nemec, Matthäus Karner vlg. Leitenbauer, Jakob Eichholzer, Matthias Pleßnig; stehend: Franz Wazek, Fritz Diechler, Alfons Tockner

168)
Willi Egger konnte 1962 bei der Vierschanzentournee in Innsbruck und Bischofshofen den Tagessieg feiern. Seine Wintersportkarriere begann er als Alpinfahrer, Langläufer und endete schließlich als Spezialspringer.
Murau kann auf eine lange Tradition im Schisport verweisen. Bereits 1894 ist der Murauer Wintersportverein gegründet worden. Die ersten Fotoaufnahmen vom Schifahren in Murau stammen aus der Zeit um 1900. Die drei Brüder Ludwig, Willi und Adolf Egger machten in den fünfziger Jahren Murau zu einer Hochburg des nordischen Schisports.
Durch die internationalen Erfolge der Murauer Weltklasse-Athleten im Schispringen mit Willi Egger, Willi Pürstl und Klaus Ofner war Murau seit den sechziger Jahren des 20. Jahrhunderts Austragungsort für mehrere internationale nordische Großveranstaltungen.
Willi Egger (geb. 1932) fand im Alter von 30 Jahren zu seiner Höchstform. Er war Teilnehmer an den Olympischen Winterspielen in Cortina im Jahr 1956 und in Squaw Valley 1960 sowie Tagessieger bei den Vierschanzentourneen im Jahr 1958 in Garmisch, 1962 in Innsbruck und in Bischofshofen. Er wurde auch zum Steirischen Sportler des Jahres 1962 gewählt und ausgezeichnet.

169)
Der Abbruch des ADEG-Gebäudes (Großeinkaufs-Genossenschaft) im Jahr 1974 für den Bau der Nordost-Umfahrung von Murau.

Abbildungsnachweis:
Schwarzenbergische Archive, Murau; Umschlagbild und Bilder 1-3, 8, 13, 18, 22, 67, 84, 89;
Stadt- und Handwerksmuseum Murau; Bilder 24-27, 30, 32, 34-35, 39, 44, 46, 50-51, 57, 60, 64-65, 74, 77, 82, 90, 101, 142;
Steiermärkisches Landesarchiv, Graz; Bilder 10-12, 19, 68-69;
Neue Galerie Graz am Universalmuseum Joanneum Bild 14;
Kupferstichkabinett der Akademie der Bildenden Künste, Wien; Bilder 6 (Inv.Nr. 36/109) und 7 (Inv.Nr. 36/109,11.216);
Sparkasse der Stadt Murau, Bilder 5;
Stadtamt Murau; Bild 13 und 145 (aus der Stadtchronik);
Privatbesitz; Bilder 4, 9, 16-17, 20-21, 23, 28-29, 31. 33, 36-38, 42-43, 45-49, 52-56, 58-59, 61-62, 70-72, 75-76, 78- 80-81, 83, 85, 91, 93-94, 97-98, 102-121, 123-126, 129-137, 139-141, 143-144, 146-162, 164-165, 168-169;
Erich Schreilechner, Knittelfeld, Bild 138;
Photographien im Besitze der einzelnen Vereine; Bilder 40-41, 63, 66, 73, 79, 86-88, 92, 95-96, 99-100, 112, 122, 127-128, 163, 166-167.

Verzeichnis der Fotografen und Verlage:
Photogr. Alois Beer, k.k. Hof-Photograph, Klagenfurt, Bild 22;
Photogr. Anst. Linus Ofner, Amstetten, Waidhofen, Murau, Bild 24;
Photogr. Max Helff, Judenburg und Graz, Bilder 26, 35, 53, 94, 98, 133;
Photogr. Purger & Co, München, Bild 47;
Photo.-Atelier J. Hofbauer, Wien, Bild 27;
Photogr. Bosio u. Seyfried, Judenburg, Bilder 23, 33, 128, 163;
Photogr. Eugen Seyfried, Judenburg, Bild 87;
Photogr. Julius Tittl, Murau, Bild 60;
Photo.-Atelier W. Hegenbart, Murau-Tamsweg, Bilder 80, 88, 92, 93, 96, 108, 111, 112, 118, 120;
Photo.-Atelier Apollo, Judenburg, Herreng. 21, Bild 90;
Photogr. C. Weighart, Leoben, Bild 29;
Photogr. Ludwig Felix, Bruck a. d. Mur, Bild 99;
P. Ledermann, Wien, Bilder 97, 144;
Fotograf Schloffer, Murau, Bild 150;
Fotograf Helmut Ehgartner, Murau, Bilder 164, 165, 167;
Wolfgang Wieland, Bilder 1-3, 5, 15, 169;
Fotograf Prokop Paul, Prag, Umschlagbild
Hans Georg Ainerdinger, Fohnsdorf, Seite 197;
Kunstanstalt Karl Schwidernoch, Wien-Leopoldstadt, Bild 36;
Kunstverlag P. Steiner, Graz, Bild 38;
Photo. art. Anstalt Wilhelm Heisler, Brünn, Bild 55;
Verlag Kathi Reimer, Murau, Bilder 43, 116, 137;
Verlag Jakob Wesiak, Murau, Bilder 37, 59, 71;
Verlag J. Hasselberger, Bild 79;
Verlag Johann Haidenthaller, Murau, Bilder 47, 52;
Verlag Paula Wasserer, Murau, und Verlag Knollmüller, Graz, Bild 72;
Verlag Joh. Leon sen., Klagenfurt, Bilder 31, 39, 42;

Verlag Zimara & Sohn, Wien VIII, Kochg. 28, Bild 45;
Kunstdruckanstalt K. Glantschnigg, Graz, Bild 107;
Verlag H. Klotzinger, Judenburg, Bilder 94, 116;

Benützte Literatur:

Brodschild Renate: Geschichtlicher Führer Bezirk Murau, Murau 1971;
Brunner Walter: Murau. Eine Stadt stellt ihre Geschichte vor, Band I, Eigenverlag der Stadtgemeinde Murau, 1998;
Frieß Natalie u. Maroschek Erhard: „Nach altem Brauch in der Steiermark – Die Geschichte der Murauer Bürgergarde" 1994 by V.M.M. Verlagsservice GesmbH Ternitz;
Gasteiger Ernst: 650 Jahre Stadt Murau, Murau 1949;
Gasteiger Ernst: Geschichte der Murauer Bürgergarde, Murau 1959;
Hager Wolfgang und Weilharter Gerald: „Wir haben die Zeit erlebt!" – Die Arbeiterbewegung im Bezirk Murau 1918-1938, Zeitzeugen berichten. Stolzalpe 1988;
Koroschitz Werner und Uli Vonbank-Schedler: Kein schöner Land – NS-Opfer in Murau, herausgegeben vom Stadt- und Handwerksmuseum Murau in Rahmen der Regionale 2012;
Lackner Helmut: Der soziale Wohnbau in der Steiermark 1938-1945, Graz 1984;
Mannich Adolf: Kurze Geschichte der Stadt Murau, Murau 1929;
Tremel Ferdinand: Beiträge zur Geschichte von Murau in: „Zeitschrift des Historischen Vereines für Steiermark", Sonderband 3, Graz 1957;
Weiss Norbert: Stolzalpe, Spital an der Sonne (Stolzalpe), KAGes-Verlag, Graz 2010;
Wieland Wolfgang: Murau. Eine Stadt stellt ihre Geschichte vor, Band II, Eigenverlag der Stadtgemeinde Murau, 1998;
Wieland Wolfgang: Anna Neumanin von Wasserleonburg. Die Herrin von Murau, Verlag Mlakar, Judenburg, 1986;
Wieland Wolfgang: Schloss Murau, herausgegeben von den Schwarzenbergischen Archiven Murau, 1994;
Wieland Wolfgang: 100 Jahre Murauer Turnverein, Eigenverlag des Murauer Turnvereines, Murau 1989;
Wieland Wolfgang: Pioniere – Idealisten – Weltmeister. 100 Jahre Schisport in Murau, Eigenverlag des Wintersportvereines Erste Murau, 1993;
Woisetschläger-Mayer Inge: Die Kunstdenkmäler des Gerichtsbezirkes Murau, Band XXXV der Österr. Kunsttopographie, Wien 1964;
Zub Felix: Beiträge zur Genealogie und Geschichte der steirischen Liechtensteine, Graz, 1902, Selbstverlag der Historischen Landeskommission für Steiermark;
Jahrbuch der herald. Gesellschaft „Adler", Band XXVII und XXVIII, Wien 1917/18;
„Blau-Weiße Blätter", Schwarzenbergische Zeitschrift, hrsg. von der Schwarzenberg'schen Administration Wien 1953-1956 und ab 1956 von den Schwarzenberg'schen Archiven Murau, 1953/1, 1964/3, 1967/2, 1972/1, 1975/2;
Schwarzenbergische Jahrbücher und Almanache, hrsg. von der Schwarzenberg'schen Administration Wien von 1950-1953 und von den Schwarzenberg'schen Archiven Murau von 1956-1997:
1953: Franz Mayerl: „Die Entwicklung des Bringungswesens auf der Herrschaft Murau";
1968: Fritz Brodschild: „Der Eisenbergbau auf der Herrschaft Murau";
1973: Monika Taferner: „Das Pestjahr 1715 im oberen Murtal";
1997: Betka Matsche-von Wicht: Ferdinand Runk (1764-1834) Hofmaler Fürst Josefs II. zu Schwarzenberg
Jubiläums-Festschriften:
Festschrift zum 60jähr. Gründungsfest der Freiw. Feuerwehr u. Rettungsabteilung in Murau, 1932;
Festschrift zum 90. Gründungsfest der Freiw. Stadtfeuerwehr Murau, 1963;

Chronik zum 125jährigen Gründungsfest der Stadtfeuerwehr Murau, 1998;
Festschrift 500 Jahre Murauer Braugewerbe, 50 Jahre 1. Obermurtaler Brauereigenossenschaft in Murau, von Franz Pichler, Murau 1960;
Festschrift „50 Jahre Krankenanstalt Stolzalpe, 900 Jahre Geschichte der Stolzalpe, hrsg. vom Amt der Steiermärkischen Landesregierung, Graz, s. d.;
90 Jahre Sparkasse der Stadt Murau, Murau 1964;
Festschrift 40 Jahre Musikschule der Stadt Murau;
1. Juniorencup in Murau, 1967;
Jubiläumsschrift Gemeinde und Krankenhaus Stolzalpe;
Informationsblatt der Stadtgemeinde Murau: Dezember 1980, Juli 1982 und Dezember 1982.

Quellen:
Chronik der Volksschule Murau;
Mannich Adolf, unvollständiges Manuskript „Murauer Häuserbuch";
Chronik des Gendarmeriepostens Murau;
Lebenserinnerungen, die Karl Brunner im Landesgericht Leoben, Zelle 29, vom 28. Oktober 1939 bis 12. März 1940 eigenhändig verfasst hat;
Eintragung von Dipl. Ing. Friedrich Zecha ins Hüttenbuch der Bernhard-Fest-Hütte vom Juli 2008 über die Flugzeugbeobachter und mündliche Überlieferung, festgehalten von Annemarie Kury.

Siegel mit Stadtwappen von Murau
auf der Urkunde Nr. 254 vom 11. August 1447 in den Schwarzenberg'schen Archiven in Murau. Zeichnung von Dr. Ludwig Freidinger.
Murau hat (nach Ernst Gasteiger) seit 1278 dieses Stadtwappen. Da Niklas von Liechtenstein infolge der Ungarnkriege vom Landesfürsten Kaiser Friedrich III. geächtet und seiner Besitzungen verlustig erklärt worden ist, erhielt Murau mit 29. Dezember 1490 ein neues Stadtwappen, welches den österreichischen Bindenschild und den steirischen Panther zeigt. Erst im Jahr 1955 hat Murau wiederum dieses alte Stadtwappen mit dem Liechtensteinschen Familienwappen zwischen den zwei großen Türmen verliehen erhalten.

Zur Person des Autors

Wolfgang Wieland, geboren im Jahr 1940, war von 1955 bis 2001, also über 45 Jahre lang in den Schwarzenberg'schen Archiven im Schloss Murau beschäftigt, leitete 30 Jahre lang dieses Privatarchiv neben seinen Aufgaben als Inventarverwalter für den Kunstbesitz der fürstlichen Familie Schwarzenberg, als Redakteur der Betriebszeitung „Blau-Weiße Blätter" und der Schwarzenberg'schen Almanache.

Er verfasste viele lokalgeschichtliche Beiträge in Zeitschriften und Büchern. Einige seiner selbstständigen Publikationen seien hier genannt:

1977: Herrschaft und Schloss Schwarzenberg, 1983: Murau im Wandel der Zeit, 1986: Anna Neumanin von Wasserleonburg – Die Herrin von Murau, 1989: 100 Jahre Murauer Turnverein, 1993: Pioniere – Idealisten – Weltmeister, 100 Jahre Schisport in Murau, 1994: Schloss Murau, 1998: Murau. Eine Stadt stellt ihre Geschichte vor, Band 2, 2014: Zeichen der Glaubens – Stumme Zeugen der Vergangenheit im Pfarrbereich von Murau.

Wolfgang Wieland ist seit 1981 Korrespondent der Historischen Landeskommission für Steiermark und ist in vielen örtlichen Vereinen und Organisationen ehrenamtlich tätig. Für sein öffentliches Wirken wurden ihm von der Stadtgemeinde Murau die Ehrennadel in Gold und 2001 das Goldene Ehrenzeichen des Landes Steiermark verliehen.

Ebenfalls im Wolfgang Hager Verlag 2014 erschienen:

In unserer Landschaft stehen so manche kleine Kunstwerke, die oft wenig beachtet werden. Sie sind Zeichen des Glaubens und der Volksfrömmigkeit unserer Vorfahren. Interessiert man sich aber über den Anlass der Entstehung dieser Marterln, Gedenksäulen oder Bildstöcke, so wird einem so manch Besonderes aus der Vergangenheit berichtet. Die 44 in diesem Buch beschriebenen Kleindenkmäler im Bereiche der Pfarre Murau sind tatsächlich stumme Zeugen der Vergangenheit, die durch Pflege und mit Ehrfurcht bis in die Gegenwart erhalten geblieben sind. Diese Andachts- und Gedenkstätten wurden von Menschen meist aus großer Dankbarkeit und tiefem Gottvertrauen errichtet und sie überlebten viele unruhige Zeiten.

Wolfgang Wieland
Zeichen des Glaubens
132 Seiten, Hardcover gebunden, mit zahlreichen Farbfotos
ISBN 978-3-902879-67-7
€ 21,90